Couvertures supérieure et inférieure en couleur

CONTES POPULAIRES

RECUEILLIS DANS

LA GRANDE-LANDE

LE BORN

LES PETITES-LANDES ET LE MARENSIN

PAR

Félix ARNAUDIN

Traduction française et texte grand-landais

PARIS	BORDEAUX
Librairie historique des provinces	Librairie ancienne et moderne
ÉMILE LECHEVALIER	Vve MOQUET
39, QUAI DES GRANDS-AUGUSTINS, 39	45, RUE PORTE-DIJEAUX, 45

1887

LIBRAIRIE HISTORIQUE DES PROVINCES
ÉMILE LECHEVALIER
PARIS — 39, QUAI DES GRANDS-AUGUSTINS, 39 — PARIS

Guillon. CHANSONS POPULAIRES DE L'AIN, préface par Gabriel Vicaire, beau vol. gr. in-8° de 656 pages, avec 12 belles eaux-fortes hors texte, publié à 20 fr.............. **12 fr.**

Nisard. LES CHANSONS POPULAIRES CHEZ LES ANCIENS ET CHEZ LES FRANÇAIS. Essai historique suivi d'une étude sur la chanson des rues contemporaine, 2 forts vol. in-12.
.... **10 fr.**

Arbaud. CHANTS POPULAIRES DE LA PROVENCE, 2 vol. in-12, avec les airs notés.................................... **7 fr.**

Luzel. CHANTS POPULAIRES DE LA BASSE-BRETAGNE, 2 vol. gr. in-8° de près de 600 pages chacun, *texte breton avec traduction française en regard*.................. **16 fr.**

Rolland. RECUEIL DE CHANSONS POPULAIRES, 4 beaux vol. in-8° :
- T. I, *avec 200 mélodies notées*...... **15 fr.**
- T. II, *avec 226 mélodies notées*, tiré à 150 ex. numérotés............ **20 fr.**
- T. III, *avec 32 mélodies notées*........ **4 fr.**
- T. IV, *avec 32 mélodies notées*........ **4 fr.**

Decombe. CHANSONS POPULAIRES RECUEILLIES DANS LE DÉPARTEMENT D'ILLE-ET-VILAINE, splendide vol. in-18 de plus de 400 pages, sur papier teinté, avec eau-forte de Léofanti *et les airs notés*... **7ᶠ 50**

Assier. Légendes, curiosités et traditions de la Bourgogne et de la Champagne, 2 vol. in-16 avec gravures...... **2 fr.**

Éveillé. GLOSSAIRE SAINTONGEAIS, étude sur la signification, l'origine et l'historique des mots et des noms usités dans les deux Charentes :
- In-8°, imprimé sur 2 colonnes dans le format de Brunet................................. **15 fr.**
- Quelques exemplaires sur grand papier vergé de Hollande................................. **30 fr.**

Bordeaux. — Imp. G. GOUNOUILHOU, rue Guiraude, 11.

CONTES POPULAIRES
RECUEILLIS DANS
LA GRANDE-LANDE
LE BORN
LES PETITES-LANDES ET LE MARENSIN

DU MÊME AUTEUR

Pour paraître prochainement :

CHANTS POPULAIRES recueillis dans la Grande-Lande, le Born, les Petites-Landes et le Marensin. — Texte grand-landais, traduction française et musique.

En préparation :

PROVERBES, DEVINETTES ET FORMULETTES POPULAIRES, recueillis dans le pays landais.

Bordeaux. — Imp. G. GOUNOUILHOU, rue Guiraude, 11.

CONTES POPULAIRES

RECUEILLIS DANS

LA GRANDE-LANDE

LE BORN

LES PETITES-LANDES ET LE MARENSIN

PAR

Félix ARNAUDIN

Traduction française et texte grand-landais

PARIS	BORDEAUX
Librairie historique des provinces	Librairie ancienne et moderne
ÉMILE LECHEVALIER	Vve MOQUET
39, QUAI DES GRANDS-AUGUSTINS, 39	45, RUE PORTE-DIJEAUX, 45

1887

PRÉFACE

Depuis plusieurs années j'occupe mes loisirs à recueillir les restes de la « littérature orale » des huit ou dix cantons que forment la Grande-Lande, le Born et les parties du Marensin et des Petites-Landes qui en sont voisines : contes, légendes et superstitions, chants, proverbes et formulettes enfantines, jusqu'aux simples devinettes, j'ai tout collectionné avec un soin égal, assistant aux veillées des fileuses, aux noces, aux *batteries*, aux *égrenages*, errant de lande en lande à la poursuite des vieux pâtres, écoutant, questionnant, ajoutant chaque jour quelque épi à la gerbe, au demeurant n'ayant nulle illusion sur le cas que le grand public ferait de mon entreprise, — des contes et des chansons, en patois qui pis est, ce n'est pas de ce bois-là que le grand public se chauffe, — mais travaillant surtout pour le petit nombre d'érudits et de curieux qui s'intéressent aux recherches dont le *folk-lore* est devenu aujourd'hui un peu partout l'objet. De ceux-là j'ai à cœur d'obtenir le suffrage, et avant de m'engager définitivement, du moins pour ce qui est des contes, dans la préparation du recueil général dont j'ai réuni la matière, j'ai tenu à pressentir leur verdict : cette première publication, où je n'offre qu'une faible partie d'une abondante moisson [1], est faite dans

---

[1] Je ne livre ici que dix pièces, prises sans choix dans le nombre, et sur lesquelles trois contes d'animaux, ce qui est trop sans doute, — je l'ai reconnu après coup, — et peu fait pour donner de l'intérêt à cet essai et montrer la variété de mon portefeuille. Les légendes animales, à raison de l'allure familière qui leur est propre, sont celles dont la traduction rend le moins aisément la physionomie réelle. — Bien qu'il

ce but, et l'accueil qu'elle trouvera auprès d'eux me dira si, de ce côté, il y a lieu de poursuivre ou d'abandonner ma tentative [1].

Le patois dans lequel sont présentés ces contes est celui de Labouheyre, qu'on peut

ne contienne que des contes exclusivement pris dans la Grande-Lande, j'ai cru pouvoir donner à ce recueil le titre que je destine à mon recueil général, dont il n'est en réalité qu'une partie détachée.

[1] Cette réserve n'a trait qu'à la publication des contes, tâche assez lourde que j'ai entreprise un peu à l'étourdie, sans trop consulter mon temps et mes forces. Quant aux chants, leur publication intégrale est dès aujourd'hui assurée : non seulement le gros de la récolte est fait, mais la matière des deux premiers volumes est mise en ordre, la traduction achevée, et déjà la question d'impression me préoccupe. J'ai réuni près de deux cent cinquante pièces; il me reste à utiliser quelques sources qui d'avance me sont acquises et qui sans doute accroîtront plus ou moins ce nombre, sans compter les rencontres de hasard que je pourrai faire encore, et je n'ai pas besoin de dire avec quel plaisir et quelle gratitude j'accueillerai tous les renseignements qu'à ce propos les amis de la Lande d'autrefois voudront bien me communiquer. Pour donner une idée du recueil que je prépare, je transcris par avance à la fin de ce volume les titres d'une partie des pièces qui le composeront.

donner pour type du langage parlé dans les limites que j'ai dites, en ajoutant bien vite, pour les gens susceptibles, que des différences plus ou moins marquées existent entre les cantons compris dans ce territoire [1], et même, pour bien des mots, entre les divers villages qui forment chacun d'eux. Ce serait, à s'en remettre à l'opinion reçue, un idiome entre tous inexpressif et rude, et le nom de *gascon noir*, dont on l'a quelquefois gratifié, indique suffisamment ce que l'on pense sur son compte. C'est, je crois, beaucoup de prévention : le souple caquet de nos villageoises modifie tous les jours l'avis des étrangers sur ce point. Au reste, on ne se choisit point sa langue, et c'est le moins aussi qu'un patois, si pauvre et si dénué

---

[1] Il en sera dit un mot dans les notes sur la prononciation dont j'ai cru nécessaire de faire précéder la partie patoise. Dès à présent il y a lieu de faire complètement exception du patois de Labrit, qui diffère du *grand-landais* par certains traits essentiels. Mais une partie de ce canton reste néanmoins comprise dans le champ de mes recherches.

d'intérêt qu'on le suppose, se voie, avant de disparaître, représenté dans l'*écriture;* or, je ne sache pas que le nôtre ait encore eu cet honneur [1].

[1] Je dois toutefois mentionner un *Essai de philologie landaise* que fait actuellement paraître, dans le *Bulletin de la Société de Borda*, M. l'abbé J. Beaurredon (qui l'a déjà publié en brochure, m'assure-t-on, mais sans l'avoir sans doute mis dans le commerce, car je n'ai pu m'en procurer aucun exemplaire), et où sont proposées diverses étymologies mimizanaises, par conséquent du même domaine que le grand-landais. Ce n'est qu'au dernier moment, et quand mon manuscrit était déjà achevé, que j'ai pu parcourir à la hâte la première partie du travail de M. Beaurredon, sur lequel j'ai cru devoir faire une ou deux remarques rapides qu'on trouvera plus loin.

Dans ses *Études sur les idiomes pyrénéens* (p. 256 et suiv.), M. Luchaire a aussi publié, d'après un recueil de textes de différents dialectes officiellement entrepris en 1808, une version de la parabole de l'Enfant Prodigue en prétendu patois de Mimizan, et dont voici quelques extraits : « *Un omi qu'way dus kilhs; lou me joueun queu dixou, — queu seu teurn dounc e qu'ana, — lous pors, — queu surbinou uno grano famino, — queu doustrèuo, — digun neu l'in balhèuo, — leu sou pourmeyro poulho, — touto rauso, — èro encouèra, — bouno chero, — grano hesto* » Ce langage est profondément inconnu à Mimizan,

Je me suis efforcé de présenter mes textes dans la forme la plus vraisemblablement rapprochée de la forme primitive. C'est dire qu'avant tout j'ai eu soin d'interroger, pour chacun d'eux, le plus grand nombre de conteurs possible, et que c'est seulement après avoir épuisé toutes les précautions de ce côté que j'ai abordé la mise au point de la leçon choisie : travail délicat, mais toujours indispensable, car si pour les chansons on a affaire à des leçons toutes faites dont il n'est même pas permis de combler la moindre lacune, il en est autrement comme dans toute la Lande, et il est à désirer que M. Luchaire, qui n'en peut mais et qui constate, du reste, la mauvaise direction de l'entreprise administrative, débarrasse de ce texte de pure fantaisie les nouvelles éditions d'un livre dont l'Académie a constaté le mérite, et qui est évidemment destiné à étayer les recherches de tous les *gasconisants* de l'avenir[*].

[*] Un passage du livre de M. Luchaire (p. 219) qui m'avait échappé à la première lecture, peut laisser supposer que la terminaison en o a été substituée par lui à celle du texte lui-même, pour éviter le désordre orthographique dans ses divers spécimens de patois. L'observation qui précède n'en garde pas moins toute son opportunité (*Note ajoutée pendant l'impression.*)

pour les contes, et l'on ne ferait croire à personne, assurément, qu'ils puissent être présentés au public *absolument* tels que les fournit la mémoire populaire. Pour ma part, du moins, je n'en ai point rencontré qui fussent en entier dans ces conditions. Mais je me hâte d'affirmer que je ne me suis jamais départi de la réserve qui sur ce point s'impose à tout collecteur scrupuleux et sincère, et je n'ai rien ajouté ni retranché, rien modifié quant aux *faits,* me restreignant soigneusement aux simples retouches de détail indiquées par le récit lui-même et nécessaires pour en rendre la lecture à peu près supportable. Quant à la traduction, j'ai cherché à lui conserver la physionomie du texte, suivant celui-ci, autant que possible, souvent au risque de demeurer lourd et plus d'une fois puéril, jusque dans ses idiotismes, ses répétitions, son insouciance des règles de la concordance des temps, toutes choses peu faites pour plaire aux amateurs de correction et de beau langage, mais qui sont les caractères essentiels de la littérature populaire en tous pays.

En un mot, j'ai fait de mon mieux, je veux dire aussi bien qu'on le peut quand on ne fait point métier d'écrire, qu'on travaille à bâtons rompus, sans loisirs suffisants, sans conseils d'amis ni encouragements d'aucune sorte. Autour de moi, sans doute, mon humble essai excitera quelques sourires : l'heure est aux choses pratiques, et tous ne comprendront pas qu'on puisse perdre son temps et sa peine à des futilités semblables. Mais j'ai dit où il s'adresse, plus particulièrement du moins, et j'espère que de ce côté il sera bien accueilli. Peut-être même, dans notre vieille Lande, et je ne saurais avoir de plus douce satisfaction, quelques-uns, de ceux qui n'ont pas perdu le sens et le goût des choses du passé, auront-ils un peu de bienveillance pour ce recueil et pour ceux qui pourront suivre, et se plairont-ils à y retrouver, fidèlement conservés dans la langue des aïeux qui va de jour en jour se perdant, les récits facétieux ou naïfs, les rondes fraîches et joyeuses qui ont bercé leur enfance.

Félix ARNAUDIN.

Labouheyre, 15 avril 1887.

14

PREMIÈRE PARTIE

TRADUCTION FRANÇAISE

LE FORGERON MISÈRE

Il y avait une fois un forgeron qui s'appelait Misère. Il était pauvre! pauvre comme le chat du juge*[1]! si pauvre, que pour arriver à vivre il était maintes fois forcé d'envoyer ses enfants mendier, à travers le temps*, faute de pain à la maison. Un soir d'hiver que Misère était assis au coin de son feu, avec les enfants, attendant que sa femme mît leur maigre souper sur la table, un vieux mendiant tout déguenillé vint heurter à la porte en disant :

— Pour l'amour de Dieu, braves âmes, ne me donneriez-vous pas un peu de place à votre foyer, pour passer la nuit, avec un morcelet de pain, sans vous priver ?

[1] La plupart des locutions locales qui ont pu être conservées dans la traduction sont suivies d'un astérisque.

— Entrez, pauvre homme, entrez, répondit aussitôt Misère, nous ferons toujours comme nous pourrons.

La femme n'était pas contente; elle grondait entre ses dents:

— Voyez donc! Ne sommes-nous pas assez misérables? Il nous faut, à tout moment, envoyer les enfants mendier leur pain de côté et d'autre, et maintenant tu vas te mettre à héberger les passants!

— Bah! répondit Misère, il faut avoir compassion. Quelques bouchées de plus ou de moins, que veux-tu que ce soit! Apporte le peu qu'il y a.

Et il dit au mendiant:

— Vous savez, celui qui est pauvre n'est pas riche*. Il n'y aura pas grand'chose à mettre avec le pain, mais nous partagerons de bon cœur. Approchez-vous de l'âtre, vous êtes tout transi.

Et il le fit asseoir, jeta quelques bûchettes au feu, et quand le vieillard se fut bien réchauffé, il le fit mettre à table à son côté sur l'escabelle, lui disant de manger, qu'il ne se privât point. Puis, quand ils eurent passé un moment à deviser, l'heure d'aller dormir arriva, le forgeron et sa femme dressèrent pour le pauvre homme une couche auprès du feu, de quoi passer la nuit aussi bien qu'il se pût, et il s'y étendit.

Le lendemain matin, dès qu'il fit jour, le mendiant se leva et prit son bâton pour partir, mais au moment de passer le seuil, il dit à Misère :

— Misère, hier soir, avant de venir ici, j'allai frapper à la porte d'un riche, mais il me repoussa sans me faire l'aumône ; toi, au contraire, qui as tant de mal à vivre, tu as été compatissant : tu ne le regretteras pas, car je suis le bon Dieu, et pour prix de cette bonne œuvre je te permets de me demander trois choses. Quelles qu'elles soient, tu les auras.

Alors la femme dit tout bas à Misère, en le poussant du coude :

— Demande la richesse. Nous sommes si pauvres ! Que nous puissions au moins nous donner un peu de bon temps, le reste de nos jours, et laisser après nous quelque chose aux enfants !

— Laisse-moi réfléchir, répondit Misère.

Et quand il eut réfléchi un moment, il dit au bon Dieu :

— J'ai là un vieil escabeau : je désire qu'aucun de ceux qui s'assiéront dessus ne s'en puisse lever sans ma permission.

La femme, entendant cela, pestait entre cuir et chair. Elle dit à voix basse :

— Deviens-tu fou? Que diable veux-tu que te rapporte cet escabeau? Nous sommes pauvres à jeter [*]! Ne te valait-il pas mieux demander la richesse?

— C'est à moi de répondre, dit Misère, je demande ce qu'il me plaît.

Et il réfléchit encore un moment et dit au bon Dieu :

— J'ai là devant ma porte un pommier dont on vient toujours me voler les pommes : je désire qu'aucun de ceux qui grimperont dessus n'en puisse descendre sans que je le permette.

Pour le coup, la femme ne tenait plus en place.

— Perds-tu donc la tête, dit-elle, que tu laisses s'en aller le bonheur quand il vient ainsi au-devant de toi! N'auras-tu pas de quoi acheter des pommes, et tout ce que tu voudras, quand tu auras la richesse?

— C'est à moi de répondre, dit Misère, je le fais comme il me convient.

— Mais à présent, du moins, fais-toi donner la richesse, reprit la femme; il ne te reste plus qu'une chose à demander.

Quand il eut réfléchi de nouveau, Misère tira de

sa poche une vieille bourse de cuir où il n'avait pas souvent d'argent à mettre, et il la présenta au bon Dieu, en disant :

— Je voudrais que rien de ce qui entrera dans cette bourse n'en pût sortir sans ma permission.

— Ce sera comme tu l'as désiré, dit le bon Dieu.

Et il s'en alla. Et la femme commença à faire du vacarme, chargeant Misère de reproches et d'injures. Misère la laissa crier et se mit à son travail en faisant la sourde oreille.

Au bout de quelques jours, un homme que Misère n'avait jamais vu se présenta chez lui comme il était à son ouvrage.

— Adieu [1], forgeron.

— Adieu.

— Et que fais-tu donc?

— Je travaille, comme tu vois.

— Bon! voilà qui est bien. Écoute, il faut que tu me dises une chose.

— Pourvu que je la sache, oui.

— On m'a rapporté que tu avais eu, l'autre soir, quelqu'un à loger chez toi.

— On ne t'a pas menti.

---

[1] Comme en d'autres provinces, *adieu* se dit, dans la Lande, aussi bien quand on s'aborde que quand on se quitte.

— Et que t'est-il revenu de cela?

— Ma foi, rien du tout, et je n'ai rien réclamé non plus.

— Rien? c'est peu de chose. Eh bien, mon garçon, moi je suis le diable, et si tu veux me promettre ce que je vais te demander, je te rendrai très riche, très riche; il n'y aura personne plus heureux et plus content que toi.

— Ça me va. Mais, avant tout, qu'est-ce que tu me demandes?

— Je vais te le dire. Dans dix ans, jour pour jour, je reviendrai ici, et alors tu seras à moi, il faudra me suivre. Mais pendant ces dix ans, tout l'or et tout l'argent que tu sauras désirer arrivera dans tes poches à l'instant même; avec cela tu vivras comme un seigneur, les genoux l'un sur l'autre*, tu auras tout ce qui pourra te faire plaisir ou envie.

— J'accepte, dit Misère.

Et sitôt qu'il eut prononcé ces mots, le diable disparut de devant lui.

A partir de ce jour, Misère, ayant de l'argent à n'en savoir que faire, n'eut plus d'autre souci que de se dédommager de tout ce qu'il avait souffert jusque-là. Il se donna du bon temps et mena bonne vie, ne se privant de rien, courant de fête en fête, si bien qu'il n'y en avait pas un plus heureux et plus aise à vingt lieues à la ronde.

Et quand il eut vécu dix années de la sorte, un beau matin le diable reparut devant lui[1], et il lui dit, en passant le seuil du logis :

— Eh bien ! mon garçon, es-tu prêt ? J'ai tenu ma parole, il faut tenir la tienne. C'est aujourd'hui le terme.

— Oh ! répondit Misère, que tu me déranges donc ! Et moi qui n'y pensais plus ! Mais ne m'accorderais-tu pas dix autres années pour me rendre service ? Je suis si bien en train de m'amuser qu'il me serait pénible, vraiment, d'en rester là sitôt.

— Non, non ! dit le diable, ne va pas chicaner. L'heure est venue, il faut me suivre.

— Allons, dit Misère, puisque tu es si résolu, laisse-moi seulement mettre un peu d'ordre à mes affaires, et je viens avec toi. Tiens, voilà un escabeau, assieds-toi un instant pendant que je m'apprête.

---

[1] Quelques conteurs me donnent ici une variante : le diable, équivoquant sur les termes du marché, reparaît au bout de cinq ans, et comme Misère se récrie et proteste, il lui dit : « Moi je compte les nuits comme les jours ; il y a cinq ans de jours et cinq ans de nuits. » La même supercherie se retrouve attribuée au diable dans plusieurs autres contes inédits de ma collection.

Et il lui présenta le vieil escabeau, et le diable s'assit dessus. Au bout d'un moment :

— Eh bien, me voici prêt, dit Misère; si tu veux, nous allons partir.

— Partons, dit le diable.

Et il voulut se lever. Mais le voilà bien surpris : il ne pouvait plus bouger de son siège.

— Hé! dit-il, qu'est donc ceci, à présent? Je ne peux pas me détacher de cet escabeau.

— C'est drôle tout de même, dit Misère. Attends un peu, que je t'aide.

En disant cela, il saisit un gros bâton noueux qui était là derrière la porte, et s'approchant du diable il se met à lui en donner et du long et du large, et de toutes les façons, à tour de bras. Et le diable de beugler comme un bœuf, en demandant pardon et grâce. Mais Misère n'écoutait rien, il frappait comme un sourd : un coup n'attendait pas l'autre. Il dit à la fin, quand il fut hors d'haleine :

— Tu ne sortiras pas de là, fils de g...., que tu ne m'aies promis de me laisser vivre en paix pendant dix ans encore, et de me donner de l'or et de l'argent à mon souhait, comme tu l'as fait jusqu'ici.

— Je te le promets! je te le promets! cria le diable, lâche-moi bien vite!

Et Misère le délivra.

Alors, le forgeron se remit à vivre comme auparavant, se donnant du bon temps, si fort qu'il pouvait, jetant son argent à chien et à chat *, et retrouvant toujours ses poches aussi pleines. De sorte que ces dix autres années s'achevèrent, comme les premières, et un jour le diable reparut à sa porte; mais il n'était plus seul, il avait cette fois une longue queue de diablotins à sa suite. Et il dit à Misère :

— Eh bien! l'ami, y sommes-nous? Aujourd'hui, mon garçon, j'ai amené mes gens; ton escabeau ne fera plus des siennes. Allons, leste! tu vois le chemin?

— Heu! dit Misère, ne me donnerais-tu donc pas dix pauvres années de plus? Il t'en coûterait si peu, et cela m'arrangerait si bien!

— Non, non! répondit le diable, brusquement, il n'y a pas à prêcher, dépêche-toi seulement. Tu t'es assez diverti, va, coquin!

— Allons, dit Misère, puisqu'il le faut, laisse-moi mettre un peu d'ordre à mes affaires, et j'arrive. Entre-temps, si vous vous ennuyez, toi et ton monde, vous pouvez monter sur ce pommier qui est là devant la porte et attraper quelques pommes; elles ne sont pas mauvaises. Et ne vous privez pas; puisque je dois m'en aller, il ne m'en faudra plus, autant vaut que vous en profitiez.

Les diablotins ne se le firent pas redire; ils grimpèrent vite sur le pommier, tous ensemble, et là de manger des pommes, de manger des pommes, si bien que le grand diable, qui était resté en bas et les regardait faire, en eut envie aussi; il leur cria :

— Jetez-moi donc une de ces pommes, que je voie si elles sont bonnes.

— Oh! ma foi, dirent-ils, fais comme nous; si tu en veux, viens en prendre.

Et le diable de grimper à son tour au haut de l'arbre, pour attraper des pommes.

C'était ce qu'attendait Misère. Sans dire un mot, il prend une longue barre de fer bien aiguisée qui était là toute prête, la porte sur les charbons et en fait bien rougir la pointe; puis il s'approche du pommier. Voyant cela, les diables se mirent en devoir de descendre au plus vite, mais ils restèrent perchés sur les branches, sans pouvoir s'en détacher. Et Misère de se mettre à l'œuvre, piquant de-ci, piquant de-là, leur grillant les fesses avec son fer rouge, et courant de l'un à l'autre sans leur laisser repos ni trêve : ils hurlaient à assourdir tout*, comme beaux brûlés* qu'ils étaient.

— Eh bien! mon garçon, comment trouves-tu les pommes? disait-il au vieux diable, tout en l'aiguillonnant. Tu t'es gardé de l'escabeau, mais je t'ai pris tout de même! Vous ne sortirez pas de là, toi et ton monde, que tu ne m'aies promis de me laisser vivre en paix pendant dix ans encore, et de me donner de l'or et de l'argent, autant que j'en voudrai, comme jusqu'à présent.

— Je te le promets! je te le promets! cria le diable, tout ahuri, laisse-nous aller!

— Descendez donc, tas de vermine, dit Misère, et décampez un peu vite, vous puez le roussi.

Et le diable et les diablotins sautèrent de l'arbre, pêle-mêle, et ils s'en retournèrent par où ils étaient venus, en se frottant le derrière.

Misère recommença donc à vivre comme il avait fait jusque-là, heureux comme le rat au pailler*, se donnant du bon temps, plus fort que jamais, sans que sa bourse s'en ressentît une fois plus qu'une autre, et ce qu'il voulait, il l'avait. Mais ces dix années passèrent encore, et un jour le diable et toute une nuée de diablotins tombèrent chez lui, brusquement, sans qu'il en eût vu un seul arriver par le chemin; il y en avait de grands, de petits, de noirs, de rouges, tout était empuanti de diables.

— Ho! ho! dit Misère, rien que cela? Mais tu n'as laissé personne à la maison, cette fois?

— Non, répondit le diable, car avec toi il est bon de s'assurer, vaurien que tu es! Allons, commence à t'en venir.

— Oui, oui, dit Misère, et à ce coup, ma foi, il ne me fera point peine de te suivre, car, à dire le vrai, je me suis fait passablement de bon sang. Nous partirons quand tu voudras..... C'est égal tout de même, oui, vous m'avez donné une belle peur, toi et tes gens, en tombant devant moi, là, tout d'un coup, sans dire gare, comme si vous étiez sortis de dessous terre! Comment vous y êtes-vous donc pris? Eh! si je ne vous connaissais pas, vous me feriez presque croire que vous avez plus de pouvoir que le bon Dieu!

Le diable dit, en se rengorgeant:

— Nous n'en avons pas plus que Dieu, mais nous en avons autant. Nous nous transformons comme nous voulons, nous entrons où nous voulons, sans qu'on nous voie, pour étroite que soit la place.

— Oh! ceci, fit Misère, en hochant la tête, c'est bon à dire. Quand le bon Dieu passa par ici, l'autre fois, il m'assura que lui et ses gens pouvaient se faire si petits, si petits, qu'ils ne seraient pas embarrassés de tenir tous ensemble dans une bourse. Pour en faire autant, vous autres, en quoi devriez-vous donc vous changer?

— Peuh! la belle affaire! dit le diable. Si rien n'était plus malaisé!

— Tu es un vantard, dit Misère. Est-ce que tu voudrais peut-être me faire accroire, toi, que vous pourriez tenir tous dans cette bourse-ci, par exemple?

En disant cela il avait tiré la vieille bourse de cuir de sa poche et la tenait tout ouverte entre ses mains. A l'instant même, psit! voilà les diables qui se réduisent tous en fumée, et cette fumée d'entrer dans la bourse, d'entrer dans la bourse, autant qu'il s'en trouvait : pas le moindre petit brin ne demeura dehors. Et quand tout y fut, le diable cria :

— Eh bien! y sommes-nous, ou n'y sommes-nous pas?

Mais le forgeron, sans rien répondre, ferme aussitôt la bourse, en serre bien les cordons, puis il la porte sur son enclume et se met à frapper dessus, à coups de marteau, de toute sa force. Et les diables de se plaindre! Et de crier dans la bourse :

— Lâche-nous! lâche-nous! Tu nous écrases!

C'était un bruit d'enfer! Mais plus ils criaient, plus Misère frappait, sans s'émouvoir de rien. Il dit à la fin, quand il fut las :

— Je vous aplatis tous comme beaux deniers *, saleté que vous êtes, si vous ne me promettez de ne jamais plus reparaître devant moi et de me laisser vivre en paix, tant qu'il me conviendra, et comme il me fera plaisir.

— Je te le promets! je te le promets! hurla le diable, ouvre cette bourse.

Alors, arrivé où il en voulait venir, Misère délia la bourse, et les diables décampèrent, sans se le laisser dire, les uns derrière les autres, en grognant comme des pourceaux, et jamais il ne les a revus.

Et cela fait que Misère est toujours sur la terre.

Moi je mis le pied sur une taupinière,
Je m'en revins à Labouheyre.

(*Conté en 1879 par Étienne Baleste, dit* Noun, *résinier, âgé de quarante ans, né à Luë, habitant Labouheyre.*)

A côté de ce conte, celui du *Poirier de Misère* existe aussi dans la Lande, à peu près tel, dans sa donnée, que l'a publié Charles Deulin dans ses *Contes d'un buveur de bière*.

Pour suivre l'usage à bon droit établi, je ferai toujours connaître les personnes auxquelles je dois plus particulièrement chaque récit. Il en est plus d'un, et celui-ci est du nombre, que j'aurais pu reconstruire avec mes propres souvenirs, si je ne m'étais fait une règle de ne jamais les utiliser.

L'épilogue rimé qui termine ce premier conte est usité à Labouheyre et même dans quelques localités voisines dont quelques-unes ont néanmoins leur formule locale.

LA VIEILLE

ET LES TROIS VOLEURS

Il y avait une fois une pauvre vieille qui vivait toute seule dans une petite maisonnette, à côté d'un quartier. La bonne femme, pour toute fortune, ne possédait qu'un cochon, mais ce cochon était des plus beaux qu'on pût voir, si bien qu'il fit envie à trois hommes du voisinage, et ces hommes s'entendirent et se dirent entre eux :

— La vieille a un si beau cochon ! si nous allions le lui voler ?

Et, par un soir bien sombre, ils partent, tous trois ensemble, pour faire le coup. Quand ils furent près de la soue :

— Avant tout, dit l'un d'eux, il faut savoir ce que fait la vieille. Restez un moment là, que je voie ce qui se passe.

Et il s'approche, tout doucement, et arrive auprès de la porte. En regardant par le trou du loquet, il vit la vieille toute seule qui filait au coin du feu. Cette vieille filait toujours trois fusées chaque soir, jamais plus, jamais moins, c'était sa tâche avant de se mettre au lit; de plus elle avait pour habitude de faire un éternuement chaque fois qu'elle avait rempli un fuseau. Il se trouva justement qu'elle posait le premier comme le voleur arrivait à la porte, et elle éternua, en disant tout haut :

— Ah! bon! de trois il en est venu un!

L'homme, entendant cela, recula tout surpris. Croyant que la vieille le savait là, il tourne les talons au plus vite et revient tout penaud trouver ses compagnons.

— Cette carogne de vieille! dit-il, pendant que j'étais à regarder par le trou du loquet, elle s'est mise à dire: « Bon! de trois il en est venu un! » Elle est sorcière, pour sûr; au diable son cochon!

— Poltron! dit l'un des deux autres, les oreilles t'ont corné, voilà tout ce qu'il y a. Je veux aller voir.

Et il partit, par le même chemin. Comme il approchait de la porte, la vieille, qui achevait de remplir un autre fuseau, eut besoin d'éternuer pour la seconde fois; quand elle eut fait :

— Bon! dit-elle, de trois il en est venu deux!

Et l'homme de décamper, comme avait fait le premier, et de s'en retourner vers les autres.

— C'est ma foi[1] vrai, dit-il, c'est une fieffée sorcière! Je n'ai pas plutôt été derrière la porte qu'elle s'est mise à dire : « Bon! de trois il en est venu deux! » Du diable si j'y retourne.

— Vous êtes plus bêtes l'un que l'autre, dit le dernier, ou vous vous entendez pour m'en faire accroire. Je veux voir ce qui en est.

Et il y alla à son tour.

— Vieille guenipe, se dit-il en lui-même, je saurai bien, moi, si tu es sorcière ou non. Voyons donc si tu devines tout ce qui se passe ici.

Et il s'accroupit là sur la place, et se mit à faire ses besoins tout auprès de la porte. La bonne femme, justement, avait mis tout en filant une pomme cuire devant les tisons, et la voyant qui commençait à gonfler et à jeter son jus, elle se mit à dire :

— Ch..., ch.., tu peux ch..., je te mangerai, m.... et tout.

---

[1] Textuellement, *l'âme du corps!* sorte de juron, d'expression affirmative.

L'homme, entendant cela, eut une peur terrible. Croyant que c'était pour lui que parlait la vieille, il se rajuste tant bien que mal et se sauve comme si le diable eût été à sa poursuite.

— Cette gueuse de vieille! dit-il en rejoignant les autres, j'ai voulu faire mes besoins à côté de la porte, elle m'a crié de son coin : « Ch.., ch.., tu peux ch..., je te mangerai, m.... et tout. » Aille qui voudra lui prendre son cochon, je n'en ai plus envie.

Et ils s'en retournèrent tous trois, plus vite qu'ils n'étaient venus, et laissèrent là où il était le cochon de la vieille.

<blockquote>
Croisi-croisé,
Mon conte achevé.
</blockquote>

(Conté en 1886 par Elisabeth Plantié, femme Saubesty, dite Babé, *âgée de soixante ans, née à Ychoux et habitant Labouheyre.)*

Ce conte, qui semblera sans doute d'assez *haulte gresse,* est un échantillon, choisi à cause de son peu d'étendue, de toute une série de récits burlesques, souvent plus rabelaisiens encore, qui existent dans la Lande et qu'il sera fort difficile, sinon impossible, de présenter au public.

COMPÈRE LOUISON
ET LA MÈRE DU VENT

Il y avait une fois un homme, appelé Louison, et une femme, appelée Marioulic, qui étaient mariés ensemble. Ils étaient vieux et sans enfants; pauvres, cela ne se demande pas: tout ce qu'ils possédaient, avec leur maisonnette, c'était un petit jardin, devant leur porte, et dans ce jardin quelques beaux arbres qui leur donnaient des fruits à la saison, de quoi faire un peu d'argent, pour vivre, tant bien que mal.

Par un sombre soir de pluie, il vint à faire un coup de vent si fort qu'on n'en avait jamais vu de semblable. Il rompit et déracina les arbres de ces pauvres gens, sans en épargner un, de sorte que quand Louison vit ce désastre, le matin, il eut un grand chagrin; il dit à Marioulic:

— Maintenant, nous sommes ruinés! Il faut que

je m'en aille trouver la Mère du Vent, peut-être qu'elle me donnera quelque chose pour nous réparer ce dommage.

Et il prit un gros morceau de pain au bout de son bâton, et il partit, sans perdre de temps. Et de cheminer, de cheminer, toujours en avant: à force de cheminer, il arriva à l'endroit où demeurait la Mère du Vent.

— Adieu, Mère du Vent.

— Adieu, compère Louison. Qu'est-ce donc qui t'amène ici?

— Mère du Vent, j'ai à me plaindre de ton fils. La nuit passée, il a déraciné et rompu tous les arbres de mon jardin, qui étaient chargés de fruits; il ne m'en a pas laissé un! et c'était tout ce que j'avais pour vivre. Maintenant, me voilà à la besace, et je viens te trouver pour voir si tu ne me donnerais pas quelque chose pour me réparer ce dommage.

— Puisque c'est ainsi, mon ami, dit la Mère du Vent, tu n'as pas mal fait de venir. Je n'ai rien à te donner qu'une serviette, mais cette serviette, le tisserand n'en fait point de pareilles, elle te dispensera de travailler tout le reste de ta vie. Sache la conserver seulement.

Puis la vieille alla à son coffre, y prit une serviette et la présenta à Louison en disant :

— Quand tu auras envie de manger ou de boire, tu n'auras qu'à l'étendre devant toi, n'importe où tu te trouveras, en prononçant ces mots : « Par la vertu de cette serviette, que rien ne manque sur ma table, » et tu seras servi à l'instant même.

Louison prit la serviette, remercia fort la Mère du Vent, et repartit, content comme un roi.

Il marcha et marcha. Quand il fut à moitié chemin, comme il commençait à avoir faim et soif, il déplia sa serviette, l'étendit devant lui par terre et dit :

— Par la vertu de cette serviette, que rien ne manque sur ma table.

Et à l'instant voilà la serviette couverte de pain, de vin, de mets, de quoi rassasier dix personnes.

— Bon! pensa Louison, la Mère du Vent ne t'a pas trompé. Désormais, je crois, nous allons pouvoir laisser le pain sec aux autres et faire bombance sans qu'il nous en coûte guère.

Et il s'assit là sur l'herbe et se servit à son gré. Il mangea comme deux, but comme quatre, et quand il fut bien repu, il plia sa serviette et se remit en chemin, en chantant à pleine tête.

Comme il arrivait au bourg, les gens de l'auberge étaient sur le pas de la porte, ils l'appelèrent de loin et lui demandèrent :

— N'entres-tu pas un peu, compère Louison ? Eh bien, es-tu content de ton voyage ? Que t'a donc donné la Mère du Vent ?

— Eh ! dit-il, elle m'a donné une serviette.

— Tout cela ? dit la maîtresse de l'auberge, en éclatant de rire.

— Oui, tout cela, dit le bonhomme, en entrant, et tu serais bien trop heureuse d'en avoir une semblable : de ta vie il ne te faudrait plus acheter ni pain, ni vin, ni rien autre chose pour recevoir ton monde.

— Bah ! dit la femme. Montre, montre cela, père Louison.

Louison, tout fier, tire sa serviette de sa poche, l'étend là sur la table et dit :

— Par la vertu de cette serviette, que rien ne manque sur ma table.

Et aussitôt voilà du pain, du vin, des mets, de quoi rassasier dix personnes.

L'hôte et l'hôtesse s'émerveillaient ; ils n'en revenaient pas de surprise. Louison les invita généreusement à prendre leur part de tout ce qu'il y avait là et se remit lui-même à manger et à boire. Mais à force de boire, tout en causant, il finit, la fatigue aidant, par s'endormir la tête sur la table. Que fait bien vite la maîtresse de l'auberge? elle s'empare de sa serviette, court la cacher au fond de l'armoire et en étend une toute pareille à la même place. De sorte que quand Louison se réveilla, un moment après, il prit cette serviette, la mit dans sa poche et s'en alla en sifflant, sans se douter de rien. A la fin, il arriva à la maison.

— Te voilà, pauvre homme? dit Marioulic. Il s'en va temps que tu reviennes! As-tu trouvé la Mère du Vent? T'a-t-elle donné quelque chose?

— Ah! femme, répondit Louison, à présent nous sommes assez riches! Désormais, je pense, nous mangerons notre pain saucé; il ne nous faudra plus tant peiner et suer pour gagner notre vie. Regarde.

En même temps il étendit sa serviette devant lui sur la table et dit:

— Par la vertu de cette serviette, que rien ne manque sur ma table.

Mais la serviette demeura nue, et voilà mon Louison bien confus. Et Marioulic de rire.

— C'était, ma foi, bien la peine, dit-elle, de passer trois jours entiers à battre les chemins pour rapporter un chiffon qui ne vaut pas vingt sous de bonne monnaie! Faut-il que tu sois bête, pauvre homme!

Louison n'était pas content. Il se grattait la tête, qui ne lui démangeait guère, et ne savait que répondre. Il pensa qu'il n'avait rien de mieux et de plus court à faire que de retourner chez la Mère du Vent, et sitôt qu'il fit jour, le lendemain, il prit sa serviette et partit de nouveau, par le même chemin. Il alla en avant, en avant, en avant: à force de marcher, il arriva au bout.

— Quoi! dit la vieille, quand il entra, tu es encore là, compère Louison?

— Comme tu vois, Mère du Vent. Je suis revenu ici pour que tu me donnes quelque chose à la place de cette serviette. Que diable veux-tu que j'en fasse? elle s'est trouvée sans vertu sitôt que j'ai été rendu à la maison!

— Je crois bien, répondit la vieille, qu'il y en a un peu plus que tu n'en dis, mais enfin, pour cette fois, je n'y regarderai pas de trop près. Maintenant, je vais te donner un canard comme tu n'en as pas vu souvent; tu n'auras qu'à dire: « Canard, fais de l'argent, » ou: « Canard, fais de l'or, » et il t'en fournira chaque fois, de l'un et de l'autre, tant que tu en voudras. Prends garde seulement de te le laisser voler, souviens-toi de ce que je te dis. Et ne retourne plus ici.

Puis la Mère du Vent alla à sa volière et revint avec un canard qu'elle remit à Louison. Celui-ci la remercia, lui fit ses adieux et repartit tout content.

Arrivé à moitié chemin, il fut curieux de voir si son canard lui obéirait et ce qu'il savait faire; il le posa à terre et lui mit son berret sous la queue en disant :

— Canard, fais de l'argent.

Le canard lui fit un gros tas de pièces d'argent.

— Canard, fais de l'or.

Le canard lui fit un gros tas de pièces d'or.

— Bon! pensa Louison, en se frottant les mains, pour le coup j'ai ma fortune faite. J'ai fini d'acheter le pain à la livre*.

Et il remplit ses poches de cet or et de cet argent, reprit son canard et se remit en chemin.

Quand il arriva au bourg, l'aubergiste et sa femme étaient sur le pas de la porte, ils ne manquèrent pas de l'appeler de loin, comme la première fois, et de l'engager à entrer, en lui demandant ce que lui avait donné de nouveau la Mère du Vent.

— Oh! dit-il, maintenant, c'est mieux encore.

Elle m'a donné un canard qui me fait de l'or et de l'argent tant que j'en veux; je n'ai qu'à commander.

— Bah! dirent-ils, tu veux rire, sans doute? Voyons, voyons cela.

Louison ne se fit point prier: l'homme, Dieu merci, buvait volontiers un coup; et il n'était pas fâché, non plus, de montrer ce qu'il pouvait faire avec son canard. Il entre donc et pose le canard

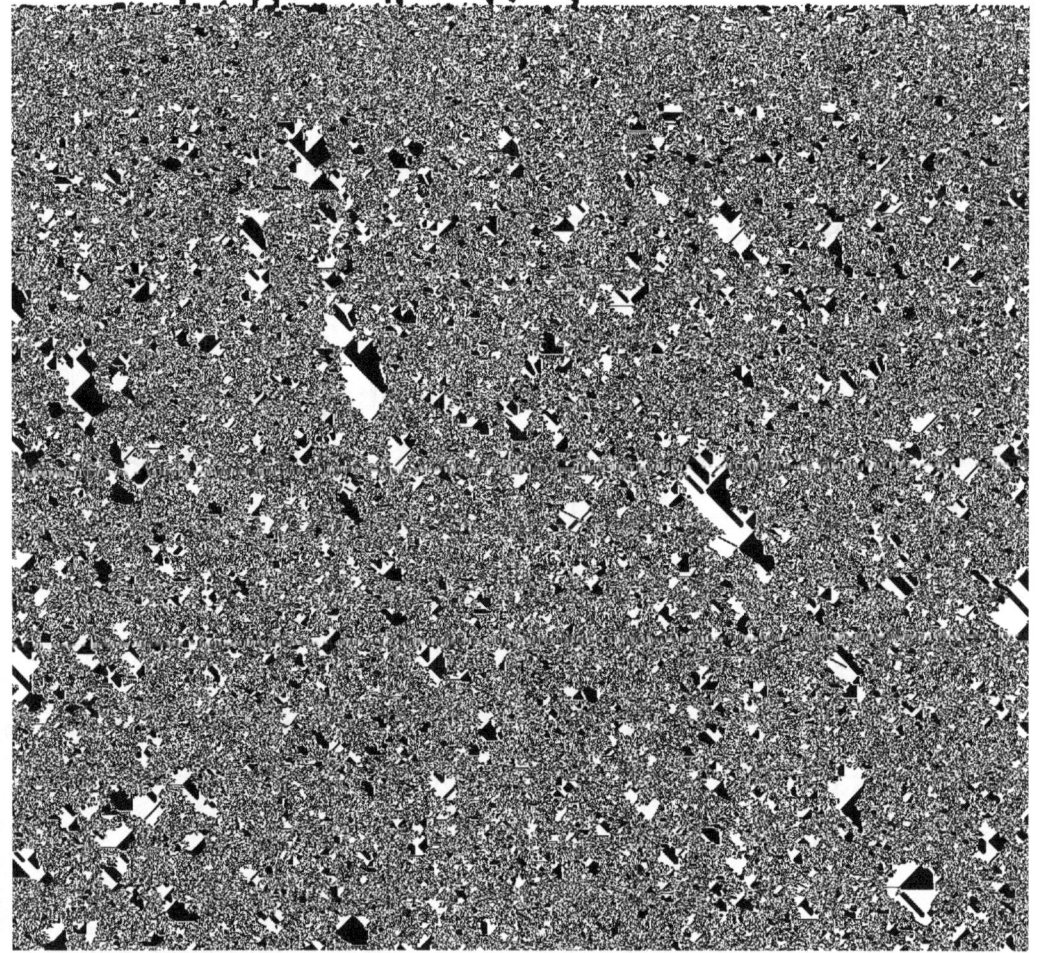

parer de ce canard, de le cacher avec la serviette, et d'en remettre un autre tout pareil à la même place. Pour Louison, quand il eut assez dormi, il se réveilla, prit le canard qui était devant lui et s'en alla en chantonnant. Quand il fut à la maison :

— Te voilà, pauvre homme? dit Marioulic. Et que rapportes-tu donc de beau? La Mère du Vent, cette fois, t'aura bien donné la valeur de quarante sous?

Et Louison de répondre, en faisant résonner ses poches et en retirant ses mains pleines d'écus et de louis d'or :

— Regarde un peu si tout ceci vaut plus de quarante sous.

— Bon Dieu! D'où as-tu tiré tout cela? demanda la femme, tout ébahie.

— J'en aurai maintenant tant que j'en voudrai, et sans beaucoup de peine, dit Louison en se rengorgeant. C'est ce canard que voici qui m'en donne; je n'ai qu'à commander.

Et il posa le canard au milieu de la table et dit :
— Canard, fais de l'argent.

Rien. Le canard n'avait pas seulement l'air d'entendre.

— Canard, fais de l'or.

Cette fois le canard lui fit un grand plat d'ordure.

Et Marioulic de recommencer à rire, et de se moquer de lui de plus belle.

— Eh oui! de vrai, il te sert de propre argent! Ah! la bonne farce encore! Tu vois bien enfin que tu perds l'esprit, pauvre homme!

Louison, tout honteux, baissait la tête sans rien répondre : qu'est-ce qu'il aurait pu dire? Il pensa en lui-même :

— La Mère du Vent s'amuse bien du pauvre monde! C'est égal, il faut que tu retournes encore une autre fois chez elle. Tu n'en seras jamais que pour ton voyage!

Le lendemain donc, à la pointe du jour, il refit ses apprêts, prit le canard sous son bras, et remit le chemin sous ses pieds*. Il marcha, marcha, tant et tant qu'il arriva. Quand elle le revit là, la Mère du Vent commença à se mettre en colère.

— C'est encore toi, compère Louison? Que reviens-tu demander? Ne t'ai-je pas dit de ne plus reparaître devant moi?

— Je le sais, Mère du Vent, mais que fallait-il faire? Le canard a valu autant que la serviette, il a gardé sa vertu tout juste jusqu'au seuil de ma porte. Ce que tu me donnes ne me sert qu'à me faire moquer de moi; je m'en lasse, à la fin!

— Écoute, mon garçon, dit la Mère du Vent, tu aimes un peu trop à boire, voilà tout ce qu'il y a. Tu ne me parles point d'une auberge où tu t'endors à table chaque fois que tu t'en reviens d'ici : eh bien, la serviette et le canard que je t'ai donnés, on te les a changés là. Maintenant, voici une béquille; c'est tout ce que tu auras de plus. Ce n'est pas grand'chose, si tu veux, mais tu n'en trouveras pas tous les jours une pareille, elle sait fort bien travailler, comme tu vas voir.

Alors la Mère du Vent prit une béquille qui était là dans un coin derrière l'armoire, et elle dit :

— Béquille, à ton jeu.

Et voilà cette béquille qui s'élance sur Louison et qui se met à frapper et cogner sur son dos, sur ses épaules, partout, tant et si fort qu'il n'en voyait plus que brumes*. Il criait comme un brûlé :

— La, la! Tu vas me faire tuer! Rappelle ce bâton.

La Mère du Vent riait sous cape, sans rien répondre. Au bout d'un moment, voyant que le bâton lui avait bientôt raisonnablement travaillé les côtes, elle cria :

— Béquille, viens ici.

Et la béquille s'en revint à son côté.

— Tiens, dit alors la vieille, en la présentant à Louison, à présent tu peux la prendre, peut-être qu'elle te servira. Il te fallait une correction, pour te donner un peu de tête.

Louison grognait; il n'était pas content du tout et ne se pressait pas de prendre cette diable de béquille qui arrangeait les gens de la sorte. Mais, ayant un peu réfléchi, il se ravisa, il dit qu'il l'acceptait et remercia même beaucoup la Mère du Vent. Et il s'en alla ensuite, en se frottant le dos.

Quand il fut à l'endroit où il s'était arrêté les autres fois, l'envie lui prit d'éprouver à son tour le savoir-faire de sa béquille, et il dit :

— Béquille, à ton jeu.

Et aussitôt le bâton de s'élancer à travers les arbres, frappant, cognant, à droite et à gauche, comme un fou : les cimes des branches volaient en l'air de tous côtés!

— Bon! pensa Louison, la Mère du Vent avait raison, je crois bien que ceci pourra me servir à quelque chose, et avant peu.

Et il fit revenir la béquille auprès de lui et se remit en chemin, sans perdre de temps. Comme il arrivait au bourg, les gens de l'auberge, qui le guettaient, l'appelèrent, d'aussi loin qu'ils le virent, pour savoir quel présent lui avait fait de nouveau la Mère du Vent.

— Heu! répondit-il, elle m'a donné ce mauvais bâton que j'ai là; je ne sais pas ce qu'elle veut que j'en fasse! Si, de vrai, il me servira à châtier les méchantes gens et les voleurs, s'il s'en trouve sur mon chemin, car il frappe tout seul, je n'ai qu'à commander. Aussi bien, si vous voulez voir.....

— Béquille, à ton jeu, dit-il alors.

Et la béquille de sauter aux épaules de ces gens-là, frappant et cognant comme une sourde, et pif! et paf! sur l'un et sur l'autre, sans leur donner de trêve : le dos leur en fumait! Et eux de crier, et de demander pardon et grâce. Louison n'écoutait rien; les coups allaient toujours. Au bout d'un moment, quand le bâton se fut bien diverti à leurs dépens, les voyant bientôt à bout de force :

— Misérables! dit-il, ma serviette et mon canard sont ici, vous me les avez volés! Rendez-les-moi, et bien vite, ou je vous fais assommer tous deux là sur la place.

— Nous te rendrons tout! nous te rendrons tout! crièrent-ils, à moitié morts l'un et l'autre, délivre-nous.

— Béquille, viens ici, dit Louison.

Et quand ils lui eurent tout rendu, ce qui fut fait sans tarder, il leur tourna le dos, sans leur dire merci, et reprit le chemin de la maison.

— Eh bien! pauvre homme, n'es-tu pas las de courir? lui demanda Marioulic, aussitôt qu'il parut sur le pas de la porte. Que rapportes-tu donc de ce nouveau voyage? C'est à ce coup, pour sûr, que nous allons voir le plus curieux.

— Ça se pourrait bien. Regarde, dit Louison, en lui montrant la béquille.

— Quoi! ce bout de bâton? dit la femme, en recommençant à rire.

— Écoute, Marioulic, ce n'est pas grand'chose, c'est vrai, mais cela pourrait bien servir, tout de même, plus souvent que tu ne penses. Veux-tu voir un peu ?..... — Béquille, à ton jeu.

Et voilà le bâton en danse, frappant, cognant, sur le dos de Marioulic, d'un bout, de l'autre, tant et si fort que la vieille courait de tous côtés en criant comme une folle.

— Eh bien! qu'est-ce que tu en dis? lui demanda Louison, au bout d'un moment, en rappelant la béquille.

Marioulic, tout ahurie et noire de colère, se mit

aussitôt à le charger d'injures; mais sans rien lui répondre, il tira la serviette de sa poche et l'étendit sur la table, en disant :

— Par la vertu de cette serviette, que rien ne manque sur ma table.

Et voilà du pain, du vin, des mets, plus qu'il n'en aurait fallu pour rassasier dix personnes.

Qui était étonnée? c'était Marioulic. Elle se radoucit à l'instant et ne se fit pas prier pour se mettre à table avec Louison; jamais de sa vie elle n'avait fait un festin de la sorte. Quand ils eurent tous deux bien bu et bien mangé, Louison se leva, alla chercher son canard, et le mit sur la nappe, en disant :

— Canard, fais de l'argent..... Canard, fais de l'or.

Et voilà de l'argent, et voilà de l'or : jamais Marioulic n'en avait tant vu à la fois.

— Ma foi, mon homme, dit-elle alors, il faut convenir, après tout, que tu n'es pas plus bête qu'un autre. Maintenant, grâce à toi, voilà notre pain gagné; nous pourrons laisser tomber la pluie* et nous moquer du mal vêtu *.

Et elle prit le canard et la serviette et alla les enfermer à double tour dans l'armoire. Quant à la béquille, Louison la garda pour lui tout seul, pour s'en servir quand il en aurait besoin.

Alors, à force de tirer de l'or et de l'argent de leur canard, Louison et Marioulic étaient devenus très riches, très riches, en fort peu de temps, et ils s'étaient fait bâtir un château si grand et si beau qu'on n'en avait jamais vu un semblable. Comme on les avait connus jusque-là très pauvres, les gens étaient fort étonnés, et il ne manqua pas de jaloux pour jaser et répandre toute sorte de méchants bruits sur leur compte. Si bien qu'un beau matin voilà le juge et les archers qui tombent chez eux tout d'un coup, sans dire bonjour, leur ordonnant d'expliquer à l'instant même d'où leur était venu l'argent qu'il leur avait fallu pour faire bâtir un pareil château.

— S'il n'y a que ça, je vous contenterai sans peine, dit Louison.

Et, sachant au juste comment ces oiseaux-là se prennent, il les invita à dîner avec lui, leur promettant de leur dire ensuite ce qu'ils voulaient connaître, puisqu'ils y tenaient tant. Quand ils furent pour se mettre à table, le juge et les archers, ne sentant aucune odeur de cuisine et ne voyant rien de servi ni d'apprêté nulle part, crurent qu'on s'était moqué d'eux, et ils commençaient à faire la moue et à regarder de travers; mais alors Louison s'avance, déplie sa serviette et l'étend devant eux en disant :

— Par la vertu de cette serviette, que rien ne manque sur ma table.

Et aussitôt voilà du pain, du vin, des mets, de quoi rassasier dix personnes, tout ce qu'on pouvait demander de meilleur. Et ces gens-là de s'extasier, ouvrant des yeux grands comme le poing, ce qui ne les empêcha pas de se mettre tout de suite à manger et à boire, et de prendre leur bonne part de tout ce qu'il y avait là. Quand ils furent bien repus, Louison se leva, alla à l'armoire chercher son canard, et le posa sur la nappe, en disant:

— Canard, fais de l'argent..... Canard, fais de l'or.

Et les pièces d'or et les pièces d'argent de résonner de tous côtés sur la table.

— Maintenant, dit Louison, vous en savez autant que moi. Voilà d'où j'ai tiré ce qu'il m'a fallu pour faire bâtir mon château. Je n'y ai pas eu beaucoup de peine, comme vous voyez.

Qu'avait à dire le juge? Rien, et il ne dit rien non plus. Ils vantèrent fort le canard, lui et ses gens, et se remirent à boire, pour tenir tête à

Louison. Bientôt, à force de verser et de boire, le bonhomme finit par s'assoupir sur le bout de la table, comme il faisait à l'ordinaire. Voyant cela, le juge et les archers se dirent entre eux, à voix basse :

— Notre homme dort! Si nous emportions son canard et sa serviette?

Mais, comme ils s'apprêtaient à partir, après avoir tout caché sous leurs manteaux, Louison s'éveilla. Il comprit d'un coup d'œil tout ce qui se passait; il dit au juge, sans faire semblant de rien :

— Monsieur le juge, vous n'avez pas tout vu; attendez, que je vous montre le plus curieux.

— Hâte-toi alors, dit l'autre, c'est assez tenu table; il nous faut partir.

— Ce ne sera pas bien long, dit Louison.....
— Béquille, à ton jeu.

Et il gagne aussitôt la porte, et les enferme là. Et voilà le bâton à l'œuvre, tapant de-ci, cognant de-là, sur l'un, sur l'autre, partout, sans repos ni trêve : les coups leur décollaient la peau*! Et eux d'appeler à l'aide, et de braire comme des ânes*!

— Compère Louison! compère Louison! criait le juge, voici ton canard et ta serviette, délivre-nous!

Quand il vit, à la fin, que les garnements avaient à peu près leur compte, Louison ouvre la porte, reprend son canard et sa serviette, puis il dit :

— Béquille, frappe plus fort.

Et, pendant qu'ils délogeaient au plus vite, le bâton de courir après eux, et de travailler de plus belle, frappant comme un sourd et faisant voler leurs chapeaux en l'air de tous côtés : c'était un plaisir !

Et le juge et les archers s'en retournèrent donc chez eux, tout honteux et la tête basse, en jurant bien que jamais l'envie ne leur reprendrait de venir chercher noise à compère Louison.

> Moi je mis le pied sur une taupinière,
> Je m'en revins à Labouheyre.

(Conté en 1880 par Baptiste Sournet, dit Pit, *berger, de Commensacq, âgé d'environ soixante-dix ans.)*

Dans une autre version que j'ai également recueillie, un homme très pauvre sème sur un fumier une fève, et la tige qui en sort grandit tellement qu'elle finit par toucher au ciel et lui sert d'échelle pour arriver jusqu'à

Dieu, à qui il demande de l'aider à nourrir ses enfants. Dieu lui donne, successivement, une table qui lui fournit le manger et le boire, un cheval dont les excréments sont de l'or et un bâton qui frappe à son commandement. La table, puis le cheval, lui ayant été volés dans une auberge, il se les fait rendre à l'aide du bâton, etc. C'est donc à peu près, dans ses traits essentiels, la version allemande des frères Grimm (*Contes choisis*, Hachette, p. 155), mais il y a ceci à noter que l'épisode de la chèvre, par lequel débute et finit leur récit, forme dans la Lande un petit conte à part qui ne se rattache par aucun point ni à ce dernier ni à d'autres.

LE BON DIEU ET LE DIABLE

Une fois, le bon Dieu et le diable avaient défriché un morceau de terre pour le cultiver en commun. Dans ce morceau de terre le bon Dieu sema d'abord des raves. Les raves poussèrent et vinrent à bien, et quand elles furent bonnes à arracher, le bon Dieu dit au diable :

— Il s'en va temps de ramasser notre récolte. Pour n'avoir pas de dispute, autant vaudrait, je crois, partager par avance : l'un pourrait prendre ce qui est sous la terre et l'autre ce qui est dessus. Pour moi, je te laisserai choisir.

— Ça me va, répondit le diable. Je prends ce qui est dessus.

Et il se mit à faucher ses feuilles de rave, et il les emporta chez lui, abandonnant toutes les têtes au bon Dieu.

Bien. — Quand ce fut le temps, ils préparèrent de nouveau la terre, et le bon Dieu la mit en blé. Le blé poussa et vint à bien, et quand il fut mûr, le bon Dieu dit au diable :

— Ce que nous avons semé est bon à récolter. Si tu veux, nous ferons comme nous avons déjà fait, l'un aura ce qui est sous la terre et l'autre ce qui est dessus.

— Fort bien, dit le diable. Seulement, ce que j'eus pour moi l'autre fois ne me servit à rien qui vaille, tu ne m'attraperas plus : je veux ce qui est sous la terre.

— A ton gré, dit le bon Dieu. Alors je vais prendre ce qui est dessus.

Et il coupa le blé, et l'engerba. Quand il eut fait, le diable commença à arracher les racines; mais voyant ce qu'il amenait, il se fâcha comme un homme*, il se mit à dire :

— Vois donc! tu m'as trompé encore! Je suis las de tout ceci, j'abandonne la terre. Je ne veux plus être de moitié avec toi.

— Je ne t'ai pas trompé du tout, dit le bon Dieu, c'est toi qui as choisi. Tu te crois bien fin, et tu n'es qu'un nigaud, voilà tout ce qu'il y a. Si tu veux, d'ailleurs, nous pouvons savoir au juste lequel de nous deux est le plus habile : nous allons nous mettre à bâtir chacun un moulin à vent, et ce sera à qui construira le plus grand et le plus beau et à qui aura terminé dans le moins de temps.

— Va pour un moulin, dit le diable. Pour le coup, nous allons bien voir.

Et il se prend à bâtir, sans perdre un moment. Il se hâte, se hâte : le bon Dieu était encore à mettre la main à l'œuvre que lui avait bientôt achevé son moulin, un moulin à vent tout en pierre, si grand et si beau que jamais on n'avait vu le pareil. Et il commençait à se vanter, et à faire le glorieux, pensant bien qu'il avait enfin beau jeu cette fois.

Mais voilà que le bon Dieu fit tourner le temps au froid ; de grandes gelées survinrent tout d'un coup, si bien que le diable, un matin, trouva son mortier tout glacé et dut cesser de bâtir comme il allait poser les dernières pierres. Alors le bon Dieu se mit au travail ; au lieu de pierres, il prit de grands blocs de glace, les porta sur une hauteur au milieu de la lande, et dressa là, en un tour de main, un beau moulin à vent, tout en glace. Puis il ordonna au vent de bise de souffler et de chasser les nuages, et voilà le soleil qui commence à darder sur le moulin de glace, et le moulin de reluire, de reluire, au milieu de la plaine, comme un grand miroir : c'était la plus belle et jolie chose qui se fût jamais vue.

Alors le bon Dieu s'en va trouver le diable, pour lui demander si son moulin était achevé.

— Hé! dit le diable, il le serait depuis longtemps sans ces maudites gelées qui sont venues tout à point pour durcir mon mortier et m'empêcher de bâtir. Mais, tu vois, il y manque à peine deux ou trois pierres.

— Eh bien, mon garçon, tu as perdu, dit le bon Dieu, le mien est prêt à moudre.

— Le tien? Où donc est-il? Je n'ai encore rien aperçu nulle part.

— Tu n'as pas bien regardé. Vois-tu là-bas au loin ce petit point qui reluit aux rayons du soleil? c'est mon moulin.

— Ça, un moulin? ça n'y ressemble guère! Je ne m'en rapporte pas, il faut aller voir.

— Allons-y, dit le bon Dieu.

Et ils vont donc, tous deux ensemble, pour voir le moulin. Quand ils y furent, le diable ouvrait de grands yeux. Le bon Dieu lui fit visiter tout, de long en large et du haut en bas, et, en lui montrant ceci et cela, il disait :

— Qu'est-ce que tu en penses? Je crois qu'il n'y

manque rien! Puis, mon moulin, au moins, on l'aperçoit de loin, tandis que le tien, vois donc, il n'en paraît plus rien.

Le diable restait là à regarder, la bouche ouverte, sans savoir que dire.

— Qu'as-tu, reprit le bon Dieu, que tu ne réponds rien? Mon moulin, par hasard, te ferait-il envie? S'il te plaît tant, nous troquerons, je me contenterai du tien; car, pour moi, j'en aurai un pareil quand il me fera plaisir.

Le diable ne se le fit pas redire; il pensa qu'à ce coup le bon Dieu faisait une sottise, il répondit :

— Eh bien, voilà qui est dit, je garde celui-ci et je te laisse l'autre.

Et le marché fut donc fait, et le diable se trouva maître du beau moulin de glace.

Bon. — D'abord, tout alla bien. Un jour, deux jours se passent; le diable n'en revenait pas d'avoir fait une si bonne affaire, il ne bougeait plus de son moulin. Mais voilà qu'alors le vent vint à tourner de nouveau; le temps se radoucit tout d'un coup, le moulin de glace se mit à fondre, et, en fondant, il commença à craquer et à se déjoindre. Et le diable de courir, d'un côté et de l'autre, tout affairé, suant sang et eau pour retenir les morceaux ensemble; mais plus il y touchait, plus il y faisait de brèches, si bien qu'à la fin tout se démantibula à la fois, et patatras! voilà le beau moulin de glace par terre. Après quoi tous les morceaux s'en allèrent en eau, et rien ne lui resta que la place toute nue.

Le diable se trouva donc attrapé cette autre fois encore, et le bon Dieu eut un bon moulin de pierre pour moudre son blé.

>   Croisi-croisé,
>   Mon conte achevé.

(Conté en 1886 par Jean Saubesty, ancien berger, âgé de soixante-huit ans, né à Ychoux et habitant Labouheyre.)

LA ROBE REGRETTÉE [1]

(LÉGENDE)

Il y avait une fois un homme et une femme qui avaient une fille. Ils étaient pauvres, autant que l'on peut l'être! La mère vint à mourir, et le père, n'ayant pas assez de travail pour garder sa fille avec lui, se vit forcé de se séparer d'elle et de l'envoyer mendier son pain. Un jour, elle arriva devant une porte :

— La charité, s'il vous plaît, pour l'amour de Dieu.

— Toi, enfant, dit la maîtresse, si grande et si forte, tu demandes ton pain?

— Hélas! il le faut bien. Ma mère est morte, et mon père n'a pas d'ouvrage pour m'occuper à la maison, j'ai bien dû m'en aller.

---

[1] Dans le patois, *arrecastade*, de *arrecasta*, reprocher ce qu'on a donné, en témoigner du regret.

— Eh bien, nous, nous avons besoin d'une servante; si tu veux demeurer ici, et bien travailler, nous te prendrons avec nous.

— Oh! avec plaisir, dit la fillette. Je resterai.

Et elle demeura avec ces gens-là. Elle était laborieuse et se conduisait bien, elle leur convenait beaucoup. Et comme la pauvre enfant était à moitié nue, sa maîtresse lui acheta une robe, en avance sur les gages qu'elle lui avait promis.

Mais peu de temps après, la jeune servante vint à tomber malade. Et son mal empira d'un jour à l'autre : à la fin, elle mourut. Quand elle fut morte, sa maîtresse commença à regretter la robe qu'elle lui avait achetée.

— Cette fille est morte! Et maintenant, ma robe est là! Et elle ne l'avait pas trop gagnée!

Et ceci, et cela. Elle ne cessait pas de murmurer.

Le surlendemain, une jeune fille se présenta à la porte.

— N'auriez-vous pas, s'il vous plaît, besoin ici d'une servante? Vous me rendriez un bien grand service si vous pouviez m'occuper.

— Si, justement, ma fille, tu tombes bien; nous en avions une, elle vient de mourir, nous te

prendrons à sa place. Elle te ressemblait tout à fait !
On dirait la même personne !

Et elle demeura donc dans cette maison. Elle faisait très bien leur affaire, ils n'avaient rien à lui reprocher. Et ils l'aimaient beaucoup. Ce qui les surprenait, c'est qu'ils ne la voyaient jamais manger ni boire, ni aux repas, ni autrement. Et chaque soir, quand tous allaient se coucher, elle s'agenouillait auprès du feu et restait là à prier Dieu. Et, dans cette maison, il y avait un valet : il s'était aperçu que le bois qu'il fendait après sa journée, pour le jour suivant, avait presque entièrement disparu le matin, et il voulut savoir d'où cela provenait.

Un soir, il fit semblant de s'en aller au lit et resta à épier par un trou qu'il y avait à la porte de la chambre.

Quand tous furent couchés, excepté la servante, il vit celle-ci aller chercher une grosse brassée de bois, la poser sur l'âtre et allumer un grand feu : elle ôta alors ses vêtements et se mit à sauter par-dessus le foyer, passant et repassant d'un côté vers l'autre, au beau milieu de la flamme, sans s'arrêter un moment ni jeter la moindre plainte, et toujours ainsi jusqu'à ce que le feu fut éteint : c'était terrible à voir! Le lendemain, le garçon prit la maîtresse à part:

— Si vous saviez ce que j'ai vu hier soir!

Et il lui raconta tout, comment il avait trouvé le bois de manque et surveillé la servante, et ce qu'il lui avait vu faire. La femme n'en revenait pas!

Elle appela à l'instant la jeune fille et lui dit ce que lui avait rapporté le valet, lui demandant si c'était vrai, et pourquoi elle faisait ce qu'il l'avait surprise à faire.

— Oui, c'est bien vrai, dit-elle. C'est là ma pénitence. Vous avez eu une servante qui est morte ici, et cette servante, c'est moi. Vous m'aviez acheté une robe sur mes gages, mais depuis vous l'avez regrettée, vous me l'avez reprochée, disant que je ne l'avais point gagnée : à cause de cela, j'ai dû revenir sur terre, et jusqu'à ce que vous m'ayez dit que j'ai gagné ma robe il me faudra rester ici et continuer cette pénitence, sans pouvoir rentrer au paradis.

— Oh! pauvre enfant! répondit la femme, tout affligée, pardonne-moi ce que j'ai dit. Tu l'as gagnée, et bien gagnée, ta robe! Tu pourras t'en aller quand tu voudras; pour moi, jamais je ne te reprocherai plus rien.

Et dès qu'elle eut prononcé ces mots, la jeune fille disparut de devant elle.

(Conté en 1885 par Jeanne Dupart, veuve Tartas, âgée de soixante et un ans, née à Sabres et habitant Labouheyre.)

LE JOUEUR DE FIFRE

IL y avait une fois un garçon qui était habile en beaucoup de choses. Il était, surtout, fort bon *sonneur* : il n'avait pas son pareil pour faire résonner le fifre ; et comme il allait souvent faire danser, tantôt d'un côté, tantôt de l'autre, pour gagner quelques sous, on ne l'appelait guère autrement que le Joueur de fifre. Un jour qu'il revenait d'une assemblée, en passant sur le bord de la rivière il aperçut à ses pieds un gros brochet étendu sur le sable, la bouche ouverte, et qui semblait déjà à moitié mort.

— Adieu, Joueur de fifre, dit le poisson.
— Adieu, brochet, dit l'autre.
— Voudrais-tu me rendre un service ?
— Pourquoi pas, si je le peux ?
— Tout à l'heure, en sautant, je suis tombé hors

de la rivière, et je vais périr ici, tu le vois, si tu ne viens à mon aide. Remets-moi dans l'eau, je t'en prie; si jamais, à ton tour, tu te trouves dans l'embarras, je ferai, moi aussi, tout ce que je pourrai pour toi.

— Hé! que veux-tu pouvoir jamais faire pour moi! dit en riant le jeune homme.

— On ne sait pas! dit le brochet.

Le Joueur de fifre ramassa le poisson, le remit dans la rivière, puis il reprit son chemin, et s'éloigna en sifflant. Un peu plus loin, il entendit encore une autre voix près de lui :

— Adieu, Joueur de fifre.

Le garçon regarda à ses pieds, à l'endroit d'où venait la voix. Il finit par apercevoir sur le sable une fourmi blessée : elle semblait n'en pouvoir plus, à peine se traînait-elle.

— Adieu, fourmi, dit-il.

— Je voudrais te demander un service.

— Dis toujours, je verrai ce que je pourrai faire.

— Je me suis blessée, je ne peux plus marcher; je vais mourir ici si tu n'as compassion de moi. Je t'en prie, porte-moi à la fourmilière. Si tu te trouves un jour avoir aussi besoin d'aide, je me souviendrai de ce que tu auras fait pour moi.

— Que veux-tu que je puisse jamais attendre de toi, pauvre bestiole !

— Sait-on, de vrai ! dit la fourmi.

Le Joueur de fifre la ramassa, comme il avait fait du poisson, et alla la porter à la fourmilière, à quelques pas de là, puis il se remit à marcher, sans y penser davantage. Un peu plus loin, une abeille se trouva aussi sur son chemin.

— Adieu, Joueur de fifre.

— Adieu, abeille.

— Est-ce que tu voudrais me rendre un service ?

— Pourquoi pas, s'il y a moyen ?

— Je viens de me déchirer une aile, je ne peux plus voler ; de grâce, porte-moi au rucher, ne m'abandonne pas ici ; peut-être qu'un jour ou l'autre je te revaudrai cela.

— Eh ! pauvrette, quand tu le voudrais, que pourrais-tu jamais faire pour personne ?

— Qui sait ? répondit l'abeille.

Le Joueur de fifre se baissa, la ramassa avec grand soin, et la porta au rucher, qui se trouvait là tout près. Puis il reprit son chemin et arriva à la maison.

Ce garçon était si adroit, si adroit, et il réussissait toujours si bien dans ses affaires que certains disaient qu'il y avait du plus ou du moins là-dessous et qu'il devait être un peu magicien, pour sûr. Et comment donc autrement? Il venait à bout de tout ce qu'il lui prenait fantaisie de faire! Voilà ce qu'on disait. Si bien que le roi finit par avoir vent de tout cela, et un jour il lui fit savoir qu'il eût à venir le trouver chez lui, tout de suite, pour certaine affaire, et qu'il n'y manquât point.

Cet ordre étonna fort le Joueur de fifre; il avait grand'peur que ce ne fût rien de bon, mais que faire quand le roi parle, si ce n'est obéir? Il partit donc, sans tarder, et quand il fut arrivé au château du roi, celui-ci lui dit :

— On m'a assuré que tu avais un très grand pouvoir, et que tu venais à bout de tout ce que tu te mettais dans l'idée de faire; à présent, je veux savoir ce qui en est. Tu vois cette clef? c'est celle de mon trésor. Je vais la jeter dans la rivière, et il faut que dans une heure tu me l'aies rapportée ici. Si tu ne me l'as pas rapportée dans une heure, je te fais pendre.

En disant cela, le roi se lève, s'approche de la fenêtre et jette la clef droit au milieu de l'Adour, qui passait près de là.

— Je suis perdu, pensa le Joueur de fifre; maintenant, personne au monde ne retrouverait cette clef.

Et il s'en alla, tout triste et la tête basse, et se mit à se promener, le long de la rivière, sans savoir que faire. Il avait beau songer et se creuser la cervelle, le pauvre garçon ne voyait aucun moyen de conserver sa vie. Comme il marchait, il aperçut tout d'un coup un gros brochet qui fendait l'eau en s'avançant vers lui, et quand il fut près du bord ce brochet se mit à dire :

— Qu'as-tu donc aujourd'hui, Joueur de fifre? Tu n'es pas gai, ce me semble.

— Que veux-tu que j'aie? répondit l'autre, on ne peut pas non plus toujours rire.

— Tu es si soucieux, ce n'est pas pour rien. Je veux savoir ce qui te tourmente.

— Si tu y tiens tant, je peux bien te le dire, cela n'y fera ni plus ni moins. Le roi m'a fait appeler; il a jeté la clef de son trésor au milieu de l'Adour, et il m'a dit que si dans une heure je ne lui avais pas rapporté cette clef, il me ferait pendre. Puis-je me réjouir?

— S'il n'y a que cela, dit le brochet, ne te fais plus de mauvais sang, je peux te tirer d'affaire. Te souviens-tu quand tu me trouvas à moitié mort sur le bord de la rivière et que je te priai de me remettre dans l'eau? Tu le fis, et tu me sauvas la vie. Moi, aujourd'hui, j'en vais faire autant pour toi.

Cela dit, le brochet se retourne et plonge au fond de l'eau, et au bout d'un moment il reparaît et arrive près du bord, portant la clef dans sa bouche.

Voilà le garçon content! Tout l'or de la terre ne lui aurait pas donné plus de joie. Il prend cette clef, en remerciant bien le poisson, et court la présenter au roi, sans perdre de temps.

— C'est très bien, lui répondit le roi, il n'y a rien à dire; je vois que tu n'es pas un sot : mais tu n'as pas fini encore. Maintenant je vais faire éparpiller un sac de millet dans le bois, au milieu des broussailles, et si dans une heure tu n'as pas ramassé tout ce millet, sans qu'il y ait seulement un grain à dire, il n'y a que la potence pour toi.

Puis le roi appela son valet et lui donna l'ordre de prendre un sac de millet au grenier et d'aller éparpiller ce millet dans le bois, au plus épais du fourré, ce qui fut fait sans tarder.

Voilà donc le Joueur de fifre bien chagriné encore.

— Le roi veut ma mort, pensait-il, cette fois je

ne m'en tirerai pas. Qui viendrait à bout de cette tâche?

Cependant, il se dirigea vers le bois et s'assit tristement, la tête dans ses mains, tout désolé de son malheur. Comme il était là à réfléchir, les yeux fixés vers la terre, il aperçut une fourmi arrêtée devant lui et qui semblait le regarder, et cette fourmi se mit à dire :

— Te voilà bien sombre, Joueur de fifre! Pourrais-je savoir ce qui se passe?

— Que veux-tu qu'il se passe? dit le garçon. Et d'ailleurs, quand j'aurais quelque peine, que me servirait de te la dire?

— Plus que tu ne crois, peut-être. Conte-moi ce qu'il y a seulement.

— Puisque tu y tiens, je vais te l'apprendre. Le roi a fait éparpiller un sac de millet parmi les broussailles du bois, en me disant que si dans une heure je n'avais pas ramassé tout ce millet, autant qu'il y en a, jusqu'au dernier grain, il me ferait pendre. Je vois bien que j'ai fini de vivre.

— C'est tout? répondit la fourmi. Eh bien, mon ami, laisse là ta tristesse, je peux te tirer d'embarras. Te souviens-tu qu'un jour j'eus besoin de ton aide? J'étais blessée, je ne pouvais plus marcher, tu me portas à la fourmilière. Sans toi je serais morte, je ne l'ai pas oublié, et à mon tour, maintenant, je te sauverai la vie.

Ayant dit cela, elle disparut de devant lui, et quand elle revint, au bout d'un moment, elle avait derrière elle toute la fourmilière, qui se répandit aussitôt de tous côtés dans le bois et se mit à ramasser le millet; de sorte que le garçon n'eut qu'à se croiser les bras et à regarder faire, en moins de rien tout était ramassé sans qu'il y eût seulement un grain à dire. Et quand le roi vint pour voir, il fut de nouveau bien surpris de trouver tout fait comme il l'avait ordonné. Il dit au Joueur de fifre :

— C'est bien, mon garçon, c'est même fort bien; tu as le diable entre les deux yeux*, ce n'est pas à faux qu'on te vante; seulement tu n'en es pas quitte encore. Maintenant, voici, j'ai trois filles, toutes les trois très belles, et si ressemblantes que c'est à peine si je peux les distinguer moi-même, et l'une d'elles est amoureuse de toi. Demain, j'irai les conduire à la sainte table, et quand elles seront dans l'église il faudra que tu saches me dire, devant tout le monde, quelle est celle qui t'aime. Si tu devines elle sera ta femme, tu l'épouseras; si tu te trompes, tu seras pendu.

Le pauvre Joueur de fifre se trouva encore aussi embarrassé que jamais. Épouser la fille du roi, bon, ce n'était pas cela qui pouvait lui faire peine, mais jamais, ni de près, ni de loin, il n'avait vu aucune de ces trois jeunes filles : comment reconnaîtrait-il celle qui l'aimait? Il s'en retournait donc tristement, pensant bien que tout était fini pour lui à ce coup, lorsqu'une abeille vola dans le chemin à sa rencontre et lui demanda ce qui lui était arrivé de fâcheux, qu'il faisait si piteuse mine.

— Je n'ai pas trop de quoi m'égayer non plus! répondit le garçon.

Et il lui conta tout de suite son affaire, ajoutant qu'il se voyait bien perdu, que rien, maintenant, ne pouvait lui venir en aide.

— C'est ce qui te trompe, dit l'abeille. Te souviens-tu qu'un jour tu me trouvas sur ton chemin comme je venais de me briser une aile, et que tu allas me porter à la ruche? Tu me sauvas la vie; aussi, à présent, je te rendrai le même service. Demain matin, quand le roi entrera dans l'église, avec ses trois filles, je serai là; tu me verras voler autour de la tête de l'une d'elles, et je ferai si bien qu'elle finira par prendre son mouchoir et l'agiter pour me chasser. Regarde, ne te trompe pas, c'est celle-là que tu devras désigner au roi.

Ainsi dit l'abeille. Le Joueur de fifre voulut la remercier, mais quand il ouvrit la bouche elle avait déjà disparu. Il reprit donc son chemin, et s'en revint content et joyeux à la maison.

Le lendemain matin, quand on sonna la messe, le roi arriva et entra dans l'église, avec ses trois filles, toutes trois ressemblantes, toutes trois bien faites, belles comme beaux miroirs*. Le Joueur de fifre, tout émerveillé, suivait à quelques pas.

— Jamais, pensait-il, aucune de ces belles demoiselles ne deviendra ta femme!

Mais quand elles se furent assises, il ne tarda pas à apercevoir l'abeille, qui arrivait à l'heure dite : elle vola droit vers l'une d'elles et se mit à bourdonner autour de ses cheveux et de son visage, se rapprochant toujours, jusqu'à toucher ses paupières, tant qu'à la fin la fille du roi tira son mouchoir et se mit à l'agiter pour la chasser de devant elle. Alors le garçon se leva bien vite et il dit au roi :

— C'est celle qui chasse une abeille de ses cheveux avec son mouchoir, qui tient à moi.

A peine avait-il achevé que l'abeille s'envola,

avec un bruit joyeux, et elle disparut. En même temps, le roi prit la parole :

— C'est vrai, dit-il, c'est bien celle-là, et puisque tu as deviné, elle est à toi, tu l'épouseras.

Et le Joueur de fifre se vit donc ainsi au bout de toutes ses peines, et, qui mieux est, il épousa la fille du roi qui était amoureuse de lui.

> Moi je mis le pied sur une taupinière,
> Je m'en revins à Labouheyre.

(*Conté en 1882 par Jean Daurys, dit* Bourit, *berger, âgé de soixante-cinq ans, né à Parentis-en-Born, habitant Labouheyre.*)

LE COQ

Une fois, un coq, en grattant sur un fumier, trouva une bourse remplie de deniers. Il se mit tout de suite à compter ces deniers, et quand il eut tout compté, il remit l'argent dans la bourse et se la pendit autour du cou : il y avait juste cent écus. Au bout d'un moment, il vient à passer un *monsieur*.

— Adieu, coq.

— Adieu, *monsieur*.

— Hé! que portes-tu là dans cette bourse?

— Cent écus en deniers que je viens de trouver.

— Bah! laisse-moi compter, pour voir.

— Je veux bien, dit le coq.

Et il ôta la bourse de son cou, et le *monsieur* se mit à compter les deniers. Et de compter, et de compter. Pendant qu'il comptait, le coq s'endort.

Que fait alors le *monsieur?* il laisse le coq endormi là et s'éloigne à grands pas, en emportant la bourse. Mais le coq se réveilla bientôt après; il se mit à sa poursuite en criant de toutes ses forces :

— Coquerico! *monsieur*, rends-moi mes cent écus !

Mais plus il criait, plus le *monsieur* se hâtait : il s'en alla sans retourner la tête et disparut au fond du chemin.

Le coq se met à aller en avant, en avant, en avant : il rencontre un nid de guêpes.

— Adieu, commère guêpe, dit-il à l'une d'elles qui était devant le trou.

— Adieu, compère coq.

— Veux-tu venir avec moi?

— Et où vas-tu?

— Enfourne, enfourne-toi dans mon ventre, tu le sauras.

Et la guêpe et toutes celles du nid s'enfournent dans son ventre.

Il se remet à aller en avant, en avant, en avant : il rencontre une lagune.

— Adieu, commère lagune.

— Adieu, compère coq.

— Veux-tu venir avec moi?

— Et où vas-tu?

— Enfourne, enfourne-toi dans mon ventre, tu le sauras.

Et la lagune s'enfourne dans son ventre.

Il se remet à aller en avant, en avant, en avant : il rencontre le loup.

— Adieu, compère loup.

— Adieu, compère coq.

— Veux-tu venir avec moi?

— Et où vas-tu?

— Enfourne, enfourne-toi dans mon ventre, tu le sauras.

Et le loup s'enfourne dans son ventre.

Il se remet à aller en avant, en avant, en avant : il rencontre le renard.

— Adieu, compère renard.

— Adieu, compère coq.

— Veux-tu venir avec moi?

— Et où vas-tu?

— Enfourne, enfourne-toi dans mon ventre, tu le sauras.

Et le renard s'enfourne dans son ventre.

Il alla encore en avant, en avant, en avant : à la fin il arrive à la maison où demeurait le *monsieur*;

Il monte aussitôt sur la barre du séchoir et se remet à chanter :

— Coquerico! *monsieur,* rends-moi mes cent écus!

Les gens de la maison étaient tout étonnés.

— Mais d'où vient donc ce coq, se demandaient-ils entre eux, et pourquoi chante-t-il de la sorte?

Quand le soir arriva, le *monsieur* appela la servante :

— Fille, va-t'en prendre ce coq, et enferme-le-moi dans la volière, avec les canards. — Les canards le tueront, pensait-il; demain je n'entendrai plus ce tapage.

La servante part. Elle va prendre le coq, qui s'était endormi sur la barre, et l'enferme dans la volière, avec les canards. A peine était-il là que les canards se jettent tous sur lui, le mordant, lui arrachant les plumes, d'un côté, de l'autre, partout à la fois. Mais lui :

— Compère renard! compère renard! sors vite de mon ventre, les canards sont après moi.

Le renard sort de son ventre; il se jette sur les canards, il les étrangle tous, les uns après les autres. Quand il fut bien repu, il s'en retourna où il était.

Le lendemain, de bonne heure, la fille arrive à la volière pour lâcher les canards : elle pensa tomber quand elle vit ce carnage! Elle s'en retourne tout court et va, tout effarée, dire la chose au maître. En même temps le coq s'échappe et revient se percher sur la barre du séchoir.

— Coquerico! *monsieur*, rends-moi mes cent écus!

Et tout le long du jour ce fut le même refrain. Les gens de la maison n'en revenaient pas et ne savaient qu'en dire. Quand il fut bientôt nuit :

— Fille, dit le maître, retourne prendre ce coq et enferme-le-moi dans l'étable, avec la vache. — Avec la vache, pensait-il, tu ne t'en tireras pas; cette fois ce ne sera pas long.

La servante part; elle va prendre le coq et l'enferme dans l'étable, avec la vache. A peine était-il là que la vache commence à s'approcher de lui, en reniflant, et le menaçant de ses cornes.

— Compère loup! compère loup! dit-il, sors vite de mon ventre, la vache veut m'encorner.

Le loup sort de son ventre; il saute sur la vache, l'égorge aussitôt sur la place. Quand il se fut rassasié, il s'en retourna là d'où il était venu.

Le lendemain, au point du jour, la servante s'en va à l'étable pour traire la vache : elle la trouve morte, à moitié dévorée, étendue sur la litière.

Pendant qu'elle restait là à regarder, la bouche ouverte, tant elle était surprise, le coq s'échappe et revient se percher sur la barre du séchoir :

— Coquerico ! *monsieur*, rends-moi mes cent écus !

Quand il sut ce qui était arrivé, le maître ne se sentait plus de colère !

— J'en viendrai à bout ! dit-il. Ce soir, tu allumeras le four, tu le chaufferas bien, tu jetteras ce coq dedans. Je veux qu'il cuise tout vif.

Le soir venu, la servante apporte le bois au four, y allume un grand feu, le chauffe bien : elle va prendre le coq et l'enferme là tout vivant.

— Lagune ! lagune ! dit le coq, sors vite de mon ventre, le feu du four me brûle.

La lagune sort vite de son ventre, se répand dans le four, le refroidit à l'instant. Quand il fut refroidi, elle s'en retourna où elle était.

Le lendemain matin, croyant le coq brûlé, la servante s'était mise à son ouvrage, sans se presser de revenir au four. Quand il fut grand jour, comme il ne voyait rien venir, le coq s'ennuya d'attendre, il recommença à chanter :

— Coquerico ! *monsieur*, rends-moi mes cent écus !

Et la fille d'accourir, en toute hâte. Elle ouvre la porte, et trouve le coq sans aucun mal, tout guilleret au milieu du four. Elle revient, tout en émoi, avertir encore le maître.

— C'est donc le diable qui l'envoie! dit-il. Retourne prendre ce coq et apporte-le-moi ici, je veux lui tordre le cou.

Et elle de repartir, et de courir chercher le coq.

— Commères guêpes! commères guêpes! dit celui-ci, sortez vite de mon ventre, le *monsieur* veut me tordre le cou.

Et les guêpes sortirent en foule de son ventre et se jetèrent sur le *monsieur*, piquant de-ci, mordant de-là, aux yeux, aux mains, partout, si bien qu'il lâcha le coq au plus vite et se mit à trépigner et se tordre en courant de tous côtés et jurant comme un juif*. Et le coq, à quelques pas, de crier plus fort que jamais :

— Coquerico! *monsieur*, rends-moi mes cent écus!

Tant qu'à la fin le *monsieur* n'y put plus tenir; il courut chercher la bourse du coq et la lui jeta à la tête en disant :

— Tiens, fils du diable*! délivre-moi, voilà tes cent écus!

Et alors les guêpes le laissèrent en paix, et le coq reprit sa bourse et s'en retourna par où il était venu, en chantant comme un homme *[1].

> Moi je mis le pied sur une taupinière,
> Je m'en revins à Labouheyre.

(Conté en 1886 par Jean Saubesty.)

[1] Résolûment, gaillardement.

GRAIN-DE-MIL

Il y avait une fois un homme et une femme qui étaient mariés ensemble. Cet homme et cette femme commençaient à devenir vieux et ils n'avaient pas encore d'enfant, ce qui leur donnait beaucoup et beaucoup de peine; et la femme ne faisait que prier Dieu, et prier Dieu, afin qu'il leur en accordât un, par grâce. Un jour, en priant Dieu, elle dit:

— Quel bonheur pour moi, si j'avais un enfant! Quand, de vrai, il ne serait pas plus gros qu'un grain de mil, je me trouverais encore assez heureuse.

Et alors le bon Dieu parla à cette femme:

— Tu auras un enfant, puisque tu le désires tant, mais il naîtra tel que tu l'as demandé, et il ne deviendra pas plus grand.

Et quelque temps après, cette femme se connut

enceinte, et quand elle fut à son terme, elle mit au monde un enfant, mais il était si petit, si petit, qu'on l'aurait pris pour un grain de mil. Ils n'en eurent pas moins une grande joie, elle et son mari; ils le soignèrent tous deux aussi bien qu'ils purent, et à cause qu'il était si petit, ils le nommèrent Grain-de-Mil.

Grain-de-Mil ne devint pas plus grand qu'il s'était trouvé en naissant, mais il était si gai et si content d'être au monde que c'était un plaisir de le voir. Il était, de plus, très adroit, et savait si bien s'y prendre qu'il venait à bout de tout ce que ses parents lui disaient de faire. Un jour que sa mère avait beaucoup d'ouvrage à la maison, elle l'envoya tout seul mener les bœufs au pré et elle lui dit:

— Tu veilleras bien à ce qu'ils restent à l'herbe et n'entrent point dans le jardin. S'il vient à pleuvoir, tu t'abriteras sous une feuille de chou. Et retire-toi de bonne heure, ne t'anuite pas.

Voilà donc Grain-de-Mil parti pour la prairie, à la queue des bœufs, hardi comme un homme[*]. Quand il y fut, il survint tout d'un coup une grosse averse, et il courut s'abriter sous une feuille de chou, dans le jardin, comme le lui avait dit sa mère. Mais la pluie ne cessait pas; à force d'attendre, il finit par s'endormir sur la place, si bien que, tout en paissant, les bœufs s'approchèrent, et l'un d'eux mangea la feuille de chou et avala l'enfant en même temps.

Quand le soir arriva, les bœufs s'en retournèrent, mais Grain-de-Mil ne reparaissait pas, et voilà sa mère tout en peine. Elle part aussitôt, pour aller voir au pré, appelant à grands cris tout le long du chemin :

— Hau ! Grain-de-Mil, hau ! Hau ! Grain-de-Mil, hau !

Mais rien ne répondait, rien ne répondait, ni du pré ni d'ailleurs, et la femme était de plus en plus inquiète. Elle revint vers la maison, ne cessant d'appeler :

— Hau ! Grain-de-Mil, hau ! Hau ! Grain-de-Mil, hau !

Et comme elle arrivait, Grain-de-Mil cria :

— Mère, je suis ici ! mère, je suis ici, dans le ventre du Chauvet !

La pauvre femme, entendant cela, pensa tomber évanouie. Elle commença à pleurer et à se désoler et courut dire à son homme ce qui était arrivé.

— Ah ! quel malheur ! quel malheur ! le Chauvet a avalé notre Grain-de-Mil ! Il est dans son ventre, il m'a répondu !

— Est-il possible! dit l'homme. Mon Dieu! qu'allons-nous faire?

— Tuons le bœuf, dit la femme, nous le retrouverons.

Ils tuèrent donc le bœuf, et ils l'éventrèrent, sur la litière¹, devant l'étable; puis ils se mirent à visiter les entrailles. Ils cherchèrent et cherchèrent, avec grand soin, appelant toujours Grain-de-Mil, mais il ne répondit plus, et ils eurent beau chercher et se creuser les yeux, il leur fallut enlever la viande du bœuf sans avoir pu retrouver l'enfant. Ils laissèrent les boyaux là sur le fumier et jetèrent aussi le foie blanc², parce qu'il était un peu gâté.

Qu'était donc devenu Grain-de-Mil? Il se trouvait justement dans le foie blanc. De la bouche du bœuf il était allé tomber là, mais son père et sa mère, ne regardant pas à cet endroit, y avaient heurté si fort, en arrachant les entrailles, que le pauvret était demeuré à moitié mort et sans parole. Voilà ce qui était arrivé.

---

¹ *Lou paillas*, lit de bruyère et de paille étendu à l'entrée des étables et souvent même à l'entrée des habitations.

² C'est la traduction littérale du patois, *lou hitje blan*, le poumon, ainsi appelé par opposition à *hitje neugue*, foie noir, nom du foie proprement dit.

Comme il était là, évanoui dans le foie, à l'entrée de la nuit il vint à passer une vieille.

— Oh! le beau foie! dit-elle. On ne l'a pas voulu, autant vaut que j'en profite.

Et elle ramassa le foie et le mit dans un panier qu'elle portait sur le pli du bras.

La vieille arriva alors à un four qu'il y avait plus loin sur le bord du chemin. On venait d'en retirer du pain, la bouche était encore toute chaude; comme il faisait très froid, elle posa son panier à terre et s'approcha pour réchauffer ses mains. Sur ces entrefaites Grain-de-Mil était revenu à lui; voyant là cette vieille toute courbée vers la bouche du four, il se met à dire:

— Couvre-toi, vilaine, je te vois [1].

Et la vieille de se retourner, toute surprise, écarquillant les yeux: il ne paraissait personne! Saisie de frayeur, elle ramasse son panier, et se sauve au plus vite, le long du chemin, sans regarder derrière elle!

Au bout d'un moment:

— Trotte, trotte, trotte, vieille, la nuit t'attrape, reprit Grain-de-Mil.

[1] Variante: *Paululum itineris facto, vetula sportam posuit, et, alte succincta, se demisit, meiendi causa: Tege te, spurca, inquit...*

— Le bon Dieu me pardonne! dit la femme, ne serait-ce pas ce foie qui parle?

Et de courir, de toutes ses forces, soufflant comme un blaireau*! Un peu plus loin:

— Trotte, trotte, trotte, vieille, la nuit t'attrape, dit de nouveau Grain-de-Mil.

— Foie, je te jette!

— Trotte, trotte, trotte, vieille, la nuit t'attrape.

— Sorcier de foie, va-t'en au diable! dit la vieille.

Et elle le tira du panier et le jeta loin d'elle. Et Grain-de-Mil de crier:

— Vieille, ramasse-moi! vieille, ramasse-moi! Ha ha ha ha!

Et la vieille d'ôter ses sabots, et de fuir comme une folle, du côté du logis, plus morte que vive, tant elle avait de frayeur!

Alors, la nuit était venue, Grain-de-Mil ne pouvait plus songer à retourner à la maison. Il ne se chagrinait point pour si peu, et il s'arrangea dans son foie, tant bien que mal, pour attendre le jour. Mais comme il allait s'endormir, le loup vint à passer; il sentit le foie et l'avala, tout en une bouchée, et voilà Grain-de-Mil enfermé dans son ventre.

Le loup alla en avant, en avant, en avant: le matin il trouva un troupeau de brebis.

— Bonne soit l'heure*! dit-il, je vais mettre une brebis avec le foie.

Il courut vers le troupeau. Mais Grain-de-Mil cria du fond de son ventre :

— Gare! berger, gare! le loup est après tes brebis!

Et le berger arriva, en huant le loup, et le loup s'en retourna tout court, par où il était venu, bien surpris et l'oreille basse.

Il chemina et chemina : il trouva un troupeau de chèvres.

— C'est égal, dit-il, les chèvres paieront pour les brebis.

Et il s'élança de ce côté. Mais Grain-de-Mil de crier :

— Gare! chevrier, gare! le loup est après tes chèvres!

Et le chevrier d'accourir. Il mit un gros chien aux trousses du loup, si bien qu'il n'eut qu'à regarder d'où il était venu et à détaler au plus vite, sans demander son reste.

Il alla en avant, en avant. Le renard se trouva sur son chemin : il lui demanda ce qui lui était arrivé et pourquoi il faisait si triste mine.

— Je suis ensorcelé! dit le loup. Je ne sais quoi

diable m'est entré dans le ventre, je ne peux plus m'approcher d'un troupeau sans que cela crie et fasse rage pour avertir le gardeur. Je ne sais plus que faire!

— Pour sûr, dit le renard, c'est quelque marmot que tu auras avalé tout vivant, sans t'en apercevoir. Rends-le, ou tu mourras de faim.

Le loup se mit en œuvre : il s'agita, fit ses efforts, mais il peinait sans arriver à rien, et il repartit furieux, jurant qu'il se rassasierait, que cela criât ou fît le diable. A la fin, il trouva un troupeau de vaches.

— J'aurai une vache! dit-il; sûrement j'en étranglerai une.

Et il courut vers elles. Mais Grain-de-Mil :

— Gare! vacher, gare! le loup est après tes vaches!

Et le vacher d'arriver. Le loup, affamé, s'avançait malgré tout; mais les vaches s'étaient mises en rond, acculées les unes aux autres, et le reçurent à grands coups de cornes; il pensa être éventré et recula de nouveau, en grognant comme un chien maigre[*]. Il dit alors :

— Qui donc es-tu, démon? La nuit est revenue, et je suis à jeun encore! Dois-je périr de faim?

— Tu auras la paix, dit Grain-de-Mil, même je t'enseignerai un endroit où tu pourras manger et faire bombance tout à ton aise; mais promets-moi de me rendre sitôt arrivé là.

— Je te le promets, dit le loup.

— Retourne du côté où tu as trouvé le foie; il y a, tout auprès, une borde¹ sur un bout de lande²; maintenant les brebis sont dedans; pour entrer, tu creuseras un trou par-dessous la porte. Mais rends-moi d'abord sur la litière, avant de toucher aux brebis.

Le loup partit grand train, du côté de la borde. Quand il y fut, il gratta sous la porte jusqu'à ce qu'il eut fait un trou. Sitôt entré, il sauta à la gorge d'une brebis.

— Et moi? cria Grain-de-Mil. Rends-moi, ou je fais encore du tapage.

— Chut! Attends! dit le loup.

Et il fit tant, cette fois, à force de peine*, qu'il en vint enfin à bout.

— M'y voilà! dit Grain-de-Mil.

Et le loup se jeta sur les brebis. Il en étrangla

---

¹ Bergerie à toit de brande ou de paille. Le nom de *parc* est réservé aux bergeries couvertes en tuiles.

² Dans le texte, *courjéyre*: c'est, vers Labouheyre, dans l'acception la plus usuelle, la partie de la lande qui avoisine les lieux habités. (Cf. Mistral, *Dictionn. provençal*, v° *Courrejo*; Moureau, *Dictionn. du pat. de La Teste*, v° *Courregéyre*; Luchaire, *Rec. de textes de l'anc. dial. gascon*, p. 72, et au *Glossaire*.)

une partie, emporta ce qu'il put, et s'en alla où il voulut. Et personne depuis ne m'a donné de ses nouvelles.

Pour Grain-de-Mil, il avait gagné l'un des coins de la borde et s'était arrangé de son mieux dans la litière, pour passer la nuit. Comme il allait s'assoupir, il entendit ouvrir la porte, et ayant regardé, il vit deux hommes entrer dans la borde et s'approcher des brebis, et l'un de ces hommes se mit à dire :

— Ho! ho! il y a du carnage! C'est le loup qui est venu ici!

— Cela tombe au mieux, dit l'autre, nous n'avons qu'à en emporter deux des mortes.

Ces deux hommes étaient des gens du voisinage qui devaient battre leur blé le lendemain; mais ils n'avaient pas de quoi se procurer la brebis[1], et ils étaient venus là, de nuit, tous deux ensemble, pour en voler chacun une. Comme ils se baissaient vers les brebis mortes, les touchant le long du dos, l'une après l'autre, pour choisir les plus grasses :

— Bon! dit l'un, j'en tiens une ici qui aura, ma foi, de la graisse aux rognons.

---

[1] C'est l'usage, dans la Lande, de tuer une brebis à l'occasion du battage.

— Or j'en ai une autre qui n'est pas mal non plus, dit le second.

— Bah! cria Grain-de-Mil; gageons que c'est moi qui ai la plus belle.

— Qui est là? demandèrent les deux hommes, tout surpris.

Mais rien ne répondait plus, si bien que la peur les prit, et ils s'enfuirent comme si le diable eût été à leur poursuite, laissant les brebis à leur place.

Après cela, Grain-de-Mil se mit à dormir, et il ne lui arriva plus rien de la nuit. Il était si fatigué qu'il ne s'éveilla que le lendemain matin, quand le berger vint à la borde pour faire sortir son troupeau. En voyant ce carnage, le pauvre homme commença à se désoler et à faire du vacarme, chargeant d'injures ce malfaiteur de loup. Il jurait, rageait, faisait les sept temps*!

— Tu me casses la tête, dit Grain-de-Mil dans son coin. Tu ne dois pas tant te plaindre; si je ne m'étais trouvé ici cette nuit, il y en a quelques-unes dont tu n'aurais eu ni la chair ni la peau.

Le berger ouvrait de grands yeux.

— C'est peut-être le diable! pensa-t-il en lui-même.

Et ayant fait sortir ses brebis, il traîna les mortes dehors, à la hâte, en tremblant de peur, et s'en alla les écorcher loin de la borde.

Grain-de-Mil, cependant, était las de tant d'aventures; il aurait bien voulu, à la fin, retourner à la maison. Comme il réfléchissait là-dessus, deux femmes vinrent à la borde pour faire la litière. Il pensa qu'elles le tireraient peut-être d'embarras; mais un grand malheur manqua de lui arriver encore : l'une de ces femmes s'en alla poser sa première râtelée de bruyère juste à l'endroit où il se trouvait, et avant que le pauvret, tout étourdi, eût pu se reconnaître ni dire un mot, du dos de son râteau elle donna un bon coup sur la place, si près de lui qu'il eut peur tout de bon et jeta un grand cri :

— Aïe! aïe! tu as failli me tuer! Regarde donc où tu frappes.

Et les femmes de décamper, bien vite, tout épeurées, abandonnant là leurs râteaux.

— N'ayez pas peur, n'ayez pas peur, leur cria-t-il, je ne vous ferai point de mal; venez plutôt me tirer d'ici.

— Qui est donc là? dirent-elles, en revenant sur leurs pas, nous ne voyons personne.

— Ici, ici, sous la bruyère, je ne peux pas m'en démêler.

Elles se mirent toutes deux à enlever de la bruyère, cherchant et fouillant du côté où elles entendaient parler. Tant qu'à la fin elles l'aperçurent.

— Qui donc es-tu, petite miette? lui demandèrent-elles, tout émerveillées.

Grain-de-Mil dit :

— Je suis le fils d'un tel, de tel endroit. Je m'égarai hier soir en revenant de la lande, et j'ai passé la nuit dans cette borde. Je ne sais pas où je suis; vous me rendriez service si vous vouliez me montrer mon chemin.

— Avec plaisir, dirent les femmes.

Et elles le prirent, et allèrent le porter sur son chemin, sans oublier de lui dire où il devait détourner pour prendre le plus court. Grain-de-Mil leur fit ses remercîments, et se mit en route, tout hardi. Il marcha et marcha. A force de remuer les jambes, il se sentit un peu fatigué, et il s'étendit près d'une brande, au bord du chemin, pour souffler un moment.

A peine était-il là que trois voleurs arrivèrent et s'arrêtèrent justement au pied de cette brande, pour se partager une somme d'argent qu'ils venaient de voler dans le voisinage. Ils se mirent à compter l'argent, et quand tout fut compté, l'un d'eux dit aux autres :

— Toi, tu as là tant, toi tant, il reste tant pour moi.

— Et ma part, hé! dit Grain-de-Mil, du fond d'un trou où il s'était caché.

Et les voleurs de se lever, tous les trois, bien vite, en regardant autour d'eux. N'apercevant personne, la peur les prit si fort qu'ils se sauvèrent chacun de son côté, laissant tout leur argent sur la place.

Grain-de-Mil ramassa cet argent et se remit en chemin, joyeusement. A la fin, il arriva à la maison.

Quand ils le virent là, son père et sa mère, qui le croyaient mort et qui l'avaient tant pleuré, pensèrent tomber de surprise et de joie. Ils ne savaient où le mettre *!

— Où étais-tu donc passé? disaient-ils; nous t'avons tant cherché!

Grain-de-Mil leur raconta d'un bout à l'autre ce qui lui était arrivé, et comment il s'était tiré de tout, et il finit en faisant sonner son argent dans ses poches. Ces pauvres gens n'en pouvaient revenir.

Pour lui, il se remit sans tarder à l'ouvrage, tout

GRAIN-DE-MIL.

comme avant, ne regardant point à sa peine pour soulager ses parents, si bien qu'ils finirent par n'avoir plus que bien peu de chose à faire pour leur part. Et ils devinrent très vieux, très vieux, et vécurent très heureux avec leur Grain-de-Mil.

> Moi je mis le pied sur une taupinière,
> Je m'en revins à Labouheyre.

(Conté en 1885 par Jeanne Dupart.)

Ce conte est l'un des plus populaires de la Grande-Lande, où il est peu de personnes, de la classe illettrée, qui n'en puissent redire quelque épisode. Les variantes de détail que j'en ai recueillies sont assez nombreuses, et j'ai déjà indiqué l'une d'elles; dans une autre, Grain-de-Mil vient au monde pendant que sa mère trempe la soupe, et le petit s'écrie: Oh! Jésus! maman, quelle potée de soupe! *(O! Jasus! mama, caou toupin de soupe!)* Dans une autre encore, Grain-de-Mil va porter le dîner à son père qui est au champ, en train de labourer, et il est avalé par l'un des bœufs pendant la sieste.

LES CHEVREAUX ET LE LOUP

Il y avait une fois une chèvre qui demeurait dans une petite borde, très loin, très loin sur la lande, avec cinq chevreaux. Cette chèvre, un jour, se cassa une jambe. Voulant aller à Saint-Jacques[1] se la faire remettre, elle recueillit tout son lait et fit une pleine maie de fromages pour ses chevreaux, afin qu'ils eussent de quoi manger jusqu'à son retour; et elle leur dit:

— Enfants, je m'en vais à Saint-Jacques, bien loin, bien loin d'ici, me faire remettre la jambe. Verrouillez-vous dans la borde, et tant que je serai absente, n'ouvrez à personne, on vous mangerait! A mon retour je chanterai à la porte:

> Chevrette, Chevrillon,
> Ouvrez ma porte;
> Je viens de Saint-Jacques
> Me faire remettre la jambe.

[1] L'un des grands chemins de Saint-Jacques-de-Compostelle traversait la Grande-Lande, et ce nom y est resté longtemps populaire.

> Je porte du lait
> Au bout de ma tetine
> Et du feuillage de ronce
> Au bout de ma corne [1].

Et les chevreaux promirent bien tout, et ils s'enfermèrent dans la borde. Et la chèvre se mit en chemin.

Mais le renard rôdait par là pendant que la chèvre parlait à ses chevreaux. Il entendit tout, et quand la chèvre fut loin, il alla heurter à la porte de la borde.

— Pan! pan!
— Qui est là?

> — Chevrette, Chevrillon,
> Ouvrez ma porte....

— C'est maman! c'est maman! crièrent les chevreaux, en courant ouvrir la porte.

Quelle frayeur ils eurent en voyant qui était là! Tous de fuir, à la hâte, vers le fond de la borde, et de sauter dans la logette [2]. Mais le renard alla droit au pétrin; il n'en voulait qu'aux fromages et s'en

---

[1] Certains conteurs ne donnent que les quatre premiers vers, qu'ils chantent sur l'air noté plus loin au bas du texte. La *chanson* de la chèvre est composée de diminutifs d'une naïveté tout enfantine dont la traduction ne saurait rien rendre.

[2] *Lou courtin*, petit compartiment ménagé dans l'un des coins de la bergerie pour les mères qui rebutent leurs petits.

donna à cœur joie. Quand il fut bien repu, il en prit par-dessus le marché autant qu'il en pouvait porter, et il sortit de la borde, sans faire du mal aux chevreaux.

Mais en chemin il vit venir le loup. Que faire? Il ramassa à terre une grosse pierre et grimpa sur un chêne qu'il y avait près de là. Le loup avait senti les fromages, il s'approcha de l'arbre et vit le renard sur l'enfourchure; il lui en demanda un morceau. Le renard lui en jeta une miette.

— Que c'est bon! dit le loup. Mais les crottes n'en seront pas grosses *! J'en voudrais un peu plus!

— Ferme les yeux et ouvre la bouche, dit l'autre.

Le loup ferma les yeux et ouvrit sa grande bouche. Il ne se méfiait pas. Le renard prit sa pierre et la lui jeta dans le gosier, de toute sa force [1].

Le loup fut bien attrapé. Il pensa s'étrangler! A grand'peine il revomit la pierre, mais il avait la bouche tout en sang. Il était dans une colère rouge *!

— Descends, descends, je vais t'arranger tout à l'heure! Et si tu t'en vantes, croix de paille *!

---

[1] Certains conteurs détaillent plus longuement cette scène: le renard ordonne au loup de fermer les yeux et d'ouvrir la bouche et lui jette, une à une, de petites miettes de fromage, lui faisant sans cesse recommencer le jeu, ce qui lasse de plus en plus la patience du glouton et fait varier à volonté le dialogue. — Le renard qui grimpe est une particularité qui se retrouve dans les contes similaires d'autres pays.

Le renard riait.

— Si tu te fâches, tu ne sauras pas où il y a de ces bons fromages.

Le loup se radoucit aussitôt. Il dit qu'il ne se fâchait pas, que c'était aussi pour rire : mais il voulut savoir où se trouvaient les fromages. Le renard dit :

— Là-bas, à sa borde, la chèvre en a une grande maie toute pleine. Maintenant, la voilà en voyage ; va-t'en frapper à la porte et chante sa chanson, les chevreaux t'ouvriront.

Et il apprit au loup la chanson de la chèvre, et le loup courut heurter à la porte de la borde.

— Pan ! pan !
— Qui est là ?

> — Chevrette, Chevrillon,
> Ouvrez ma porte....

— Ce n'est pas maman ! ce n'est pas maman ! crièrent les chevreaux. C'est encore un voleur de fromages.

Et ils se moquèrent de lui, sans vouloir lui ouvrir, et il s'en retourna comme il était venu, malcontent et le ventre vide. Le renard dit :

— Ta voix est trop rauque, ils t'ont reconnu.

Mais nous les tromperons tout de même. Va chez le forgeron te faire amincir la langue.

Le loup part aussitôt. Il s'en va chez le forgeron, se faire amincir la langue. Un moment après, il s'en revient tout courant.

— Chante, dit le renard.

— Chevrette, Chevrillon....

— Heu! tu n'y es pas tout à fait! La chèvre a la voix plus claire.

Et il l'envoya de nouveau trouver le forgeron. A son retour, le loup n'avait plus qu'un petit bout de langue.

— Chevrette, Chevrillon....

Voilà qui y est, dit le renard. Va, maintenant, les chevreaux t'ouvriront.

Et le loup de repartir, et de retourner à la borde.
— Pan! pan!
— Qui est là?

— Chevrette, Chevrillon,
Ouvrez ma porte;
Je viens de Saint-Jacques
Me faire remettre la jambe.
Je porte du lait
Au bout de ma tetine
Et du feuillage de ronce
Au bout de ma corne.

— Ce n'est pas maman! ce n'est pas maman! disaient les grands.

— Si, c'est elle! c'est elle! dirent les petits, en ouvrant aussitôt la porte.

Quelle peur encore, quand ils virent là cette vilaine bête! Heureusement que le loup trouva d'abord le pétrin et se jeta sur les fromages, pendant qu'ils couraient, vite, vite, les uns par-dessus les autres, se cacher dans la logette. Le glouton mangea tout, sans laisser une miette. Quand il fut bien bourré, il commença à bâiller et à s'étirer, s'étendit tout de son long dans le pétrin, et se mit à dormir.

Comme il dormait depuis un moment, les chevreaux l'entendirent qui ronflait comme un cochon, sauf votre respect. La peur leur avait un peu passé, si bien qu'ils commencèrent à épier à travers les fentes de la logette, et ils se dirent entre eux, tout bas:

— Le loup dort! le loup dort! Faisons bouillir de l'eau pour échauder le gourmand.

Et ils sortirent sans bruit de la logette, allumèrent un grand feu devant la borde, et mirent de l'eau bouillir, plein le chaudron. Et quand l'eau fut bien bouillante, ils prirent le chaudron, s'approchèrent du loup, bien doucement, bien doucement, et le renversèrent sur lui tout d'un coup. Et voilà vite le loup sur pied! Il gagne la porte, tout effaré, et s'enfuit à toutes jambes, à travers la lande. Et les chevreaux de crier, de devant la borde :

— Au loup échaudé! au loup échaudé!

Et le loup de répondre de loin :

— Je ne le suis que d'un côté! je ne le suis que d'un côté!

Mais il s'en alla tout de même, comme un poltron, et les chevreaux s'enfermèrent de nouveau dans la borde, tout joyeux de cette aventure. A la fin, la chèvre revint de son pèlerinage, ayant sa jambe remise : quand ils reconnurent sa voix, ils coururent ouvrir la porte et sautèrent à son cou, et ils lui racontèrent ce qui leur était arrivé, en parlant tous à la fois.

Moi je mis le pied sur une taupinière,
Je m'en revins à Labouheyre.

(Conté en 1886 par Jean Saubesty.)

LE RENARD ET LE LOUP

I

Un jour le renard était couché dans la bruyère, à côté d'un chemin. Une troupe de bouviers passèrent en devisant, et l'un d'eux disait :

— C'est égal, si les fromages que nous portons là sont bons, nous n'aurons pas fait une mauvaise affaire; nous ne les avons pas payés cher.

— Vraiment? pensa le renard. Et ne pourrais-je pas en avoir aussi ma part? Je vais essayer.

Et il prit sa course, sans être vu, et gagnant les devants, il alla s'étendre en travers du chemin, loin des bouviers, comme s'il était mort, et il attendit. Quand ceux-ci arrivèrent :

— Bonne rencontre! dit l'un d'eux; voici maître renard!

— Comment diable, dit un autre, s'en est-il venu crever là?

Ils lui donnèrent quelques coups de sabot, le tournèrent d'un côté, de l'autre: il ne remuait ni pieds ni tête*.

— Il est bien mort, reprit le premier; autant vaut l'emporter, nous ferons toujours courir la peau [1].

Et il le prit par une jambe et le jeta sur une charrette.

Le renard riait en lui-même. C'était là qu'il voulait être. Il ressuscita, sans perdre de temps, et mordit d'abord aux fromages. Mais il se méfiait! Ayant donné à la hâte quelques bons coups de dent, il en prit un dans sa bouche, sauta de la charrette et s'esquiva au plus vite. Il s'en alla sur l'enfourchure d'un chêne, pour le manger à son aise.

Mais le loup passa, ayant grand'faim; il sentit de loin le fromage. Il vit le renard sur l'arbre et lui en demanda un morceau [2].

---

[1] *Faire courir la peau*, aller de porte en porte recueillir de menus dons, principalement du lard et des œufs, en montrant la peau empaillée d'un animal nuisible dont on a fait la capture.

[2] Le conte qui précède, on l'aura remarqué, renferme à peu près le même épisode, qui est souvent plus développé, surtout quant au dialogue, par les narrateurs prolixes.

— Écoute s'il pleut*! c'est trop bon! Mais là où je l'ai pris il y en a encore à prendre.

— Où faut-il aller? dit le loup.

— Pas bien loin, dit le renard: ces bouviers qui s'en vont là-bas en ont chacun un grand panier sur leur charrette. Gagne les devants, va t'étendre sur leur chemin, et fais bien le mort. C'est tout ce que j'ai eu à faire. Lorsqu'ils te verront là, ils te ramasseront, ils te jetteront sur une charrette, tu n'auras qu'à manger.

Le loup partit grand train, tout réjoui d'avance. Le renard riait.

— Moi j'ai réussi, pensait-il, mais c'est hasard si les bouviers s'y laissent reprendre. Tu trouveras le diable à découdre*, tout à l'heure.

Arrivé au chemin, loin des bouviers, le loup s'étendit tout de son long, en travers de l'ornière, faisant le mort de son mieux. Justement les bouviers venaient de s'apercevoir de la disparition du renard et du bon tour qu'il leur avait joué. Ils arrivaient furieux! L'un d'eux dit tout d'un coup:

— Chut! voyez donc! Le loup! Gageons, ma foi, qu'il voudrait faire comme le renard!

Et chacun de saisir un gros bâton de charrette et de courir sur lui. Et les coups de pleuvoir sur la

peau du pauvre loup: ses côtes en fumaient*!
Trouvant bientôt la chanson longue*, il se remit
sur ses pieds, sans demander son reste, et se
sauva au plus vite, par où il était venu. Le
renard lui demanda comment il avait trouvé les
fromages.

— Hé! dit le loup, au lieu de me ramasser, ces
bouviers du diable sont tombés sur moi à grands
coups de bâton; ils m'ont bien étrillé! Je n'ai eu
qu'à décamper, et il était temps. Il fait beau te
croire!

Il grognait; il n'était pas content. Sa peau lui
cuisait! Mais le renard partit aussitôt lui-même,
pariant qu'il y retournerait, et qu'il rapporterait
encore un fromage. Les bouviers, tout aises d'avoir
si bien arrangé le loup, bavardaient comme quatorze*, en avant des bœufs, sans se méfier de rien.
Le renard s'approche par derrière, saute sur une
charrette et s'échappe avec un autre fromage. Il
l'apporta au loup, qui l'avala en une bouchée et le
trouva fort bon. Il en aurait voulu davantage!

— Un étron de milan[1], dit l'autre. Le jeu se
gâterait! Gagnons d'un autre côté.

---

[1] Se dit familièrement à qui demande plus qu'on ne veut ou qu'on ne peut donner.

Et ils se mirent à cheminer, en devisant, à travers la lande. Ils arrivèrent au bord d'une lagune. La lune brillait au ciel toute ronde et se mirait au milieu de l'eau. Le renard dit au loup:

— Tout te vient à souhait. Tu en voulais un autre, le voilà tout servi.

— Qu'est-ce donc? dit le loup.

— Ne vois-tu pas là ce beau fromage? Je te donne ma part, tu peux te rassasier.

Le loup sauta dans la lagune, prêt à happer le morceau; mais en marchant au milieu de l'eau il l'agitait autour de lui, rien n'y paraissait plus, et il retourna au bord, tout embarrassé, sans avoir trouvé le fromage. Aussitôt hors de l'eau, il le revit au même endroit.

— Que faire? dit-il au renard.

— Bois toute l'eau, dit l'autre, tu le trouveras au fond.

Le loup le crut. Il se mit à boire et boire. Mais bientôt, à force de boire, l'eau ne tenait plus dans son ventre, il la rejetait par derrière à mesure qu'il l'avalait. Le renard dit:

— Hé! que fais-tu? Si tu rends par un bout ce qui entre par l'autre, jamais tu n'achèveras. Je vais chercher une bonde.

Il courut à une *sègue*[1] près de là, fit une grosse cheville de pin, puis revint vers le loup et lui planta cette cheville au bon endroit. Et le loup se remit à boire.

Mais à la fin un nuage vint à passer sur le ciel, et la lune se trouva cachée tout d'un coup.

— Compère renard! le fromage n'est plus là!

— Glouton! dit l'autre, tu l'as avalé sans t'en apercevoir. Ta faim doit t'avoir passé, je pense?

Ils se remirent en chemin. Mais bientôt le renard, repu comme une tique, dit qu'il se sentait las, qu'il voulait faire un somme, et il s'étendit au pied d'un ajonc, le ventre au soleil, tout à son aise. Le loup se coucha près de lui, mais son eau lui pesait, le sommeil ne lui venait pas. A la fin de fortes tranchées lui prirent. Il jetait de grands cris.

— Cours un peu, dit le renard, ça te passera peut-être.

Le loup partit au galop : il fit un grand tour sur la bruyère en courant à perdre haleine; mais il n'en était ni mieux ni pis, et il retourna vers le renard, le priant de le soulager, de manière ou d'autre, il

---

[1] Forêt de pins.

n'y pouvait plus tenir! Il y avait plus loin sur la lande une troupe de bergers qui faisaient brûler de la bruyère [1] : ils se trouvaient alors de l'autre côté du feu et ne paraissaient plus, mais le renard les avait vus un peu avant, il dit au loup :

— Tout tombe bien. Tu vois là-bas ce grand feu? si tu peux sauter par-dessus ce feu neuf fois, aller et venir, sans t'arrêter ni prendre haleine, ça te réchauffera, ça te mettra en sueur, tu verras tout ton mal disparaître à l'instant même [2].

Le loup courut de ce côté. Mais le feu était très large, il sauta sans défiance et tomba dedans tout en plein : il pensa cuire tout vif! Il gagna le bord au plus vite et se trouva alors au milieu des bergers, qui voyant là un loup coururent tous sur lui, en jetant de grands cris, et lui assénèrent quelques

---

[1] C'est dans la Lande un vieil usage qui a pour but de renouveler l'herbe des pâturages.

[2] Autrefois, la veille de la Saint-Jean, dans les villages de la Lande, après que le feu traditionnel allumé le soir sur la place du bourg avait été béni par le prêtre, les assistants, — et au premier rang les jeunes gens des deux sexes, — faisaient passer à neuf reprises par-dessus la flamme, en se les renvoyant des uns aux autres, des guirlandes *(groudes,* ou *cabcudes)* formées de serpolet, de fenouil, de romarin et d'autres plantes aromatiques, — le tout à grand renfort de rires et de démonstrations de joie. Ces plantes ainsi consacrées étaient soigneusement conservées pour servir à des fumigations dans les cas de mal de dents, de douleurs, etc. Cet usage subsiste encore en partie dans quelques localités.

bons coups de *daill*[1] à travers les côtes. Il en réchappa à grand'peine!

Il revint se plaindre au renard, qui dit qu'il n'en pouvait mais, qu'on ne pouvait pas tout savoir : qui aurait deviné qu'il y avait du monde là, de l'autre côté du feu?

Et de cheminer. Le renard avait entendu au loin les coups d'une *batterie*, il menait le loup tout droit de ce côté. Quand ils y furent, les batteurs étaient allés goûter, après avoir fait la paillée; il n'y avait plus personne sur l'aire. La paille était chaude! Le soleil dardait! Le renard dit:

— Cette fois, voici notre affaire. Couche-toi là, sous cette paille; le soleil donne bien dessus, tu seras bien au chaud, avant une heure ton mal s'en sera allé de lui-même. Mais s'il vient du monde par ici, fais bien le mort; quoi que tu entendes, ne bouge plus de là que tu ne te sentes guéri tout à fait.

Disant cela, il fit étendre le loup au milieu de l'aire, le couvrit bien de paille et le cacha avec soin[2]. Puis il alla se mettre au guet aux environs.

---

[1] Outil formé d'une lame de fer rectangulaire à un ou à deux tranchants, portant à plat, et à manche légèrement courbe, qui sert à couper la bruyère.

[2] Aux aires, dans quelques villages, au lieu d'être retournées sur place, la première rangée de la paillée (*le trouche,* posée en sens inverse des

Bientôt après, quand ils eurent goûté, les batteurs retournèrent à l'aire et reprirent leurs fléaux. Arrivés à l'endroit où était caché le loup :

— Hé! voici, dirent-ils, une rangée bien épaisse! Hardi! allons-y ferme!

Et de redoubler leurs coups. Et de frapper et refrapper, de toute leur force, sur la panse du loup. Tant qu'à la fin ils firent sauter au loin sa cheville, et l'eau s'échappa de son ventre, inondant toute l'aire. Les batteurs, étonnés, s'arrêtent. Au même instant, le loup sort de dessous la paille, tout disloqué, et prend la fuite en toute hâte. Et voilà des cris :

— Au loup! au loup! au loup!

Et tous de se mettre à sa poursuite, les femmes comme les hommes, jusqu'aux cuisinières mêmes, qui étaient en train d'ôter la cruchade du feu et qui laissèrent leur chaudron plein à terre pour accourir au bruit.

C'était ce qu'attendait le renard : il s'approche

autres) et la rangée suivante sont portées du bord sur celles du milieu pour être battues à nouveau, et on donne le nom de *loup*, lequel semblerait pouvoir tirer son origine du présent conte, à l'élévation que forme la paille à cet endroit. — Cf. dans B. Despériers (*Cymbalum mundi*, dial. IV) l'expression proverbiale *faire le loup en la paille* (se tenir coi), et dans Cotgrave cette autre, *contrefaire le loup de paille* (même sens), qui, si je ne me trompe, ne sont point citées par Le Roux de Lincy.

aussitôt, se glisse dans la cuisine, et apercevant là la cruchade il met l'anse du chaudron sur son cou et détale au plus vite, du côté où il ne se trouvait personne. Mais peu après les femmes revinrent; elles virent le voleur qui s'enfuyait sur la lande. Et de crier de plus belle :

— Au renard! au renard! au renard!

Et le renard de rire! Et de fuir, avec son chaudron. Elles n'en virent que brumes*! Il ne tarda pas à voir reparaître le loup; il lui demanda s'il ne s'était pas bien trouvé sous la paille, qu'il en était sorti sitôt, et ce qui s'était passé.

— Ah! dit le loup, il est venu une bande d'hommes qui étaient tous idiots et fous, ils m'ont tant battu, tant battu que j'en avais les côtes tout aplaties. Ils m'ont guéri, de vrai, mais j'en ai vu de dures!

— Nous allons souper à leurs dépens, dit le renard.

Et il lui montra la cruchade [1] et lui dit comment il s'en était emparé pendant que les gens de l'aire étaient à sa poursuite. Tout fut vite avalé! Y en eût-il eu davantage! Un peu consolé à la fin, le

---

[1] Souvent, au lieu du chaudron de cruchade, c'est le pot où cuit la soupe que le renard emporte, et le narrateur ne manque pas d'en détailler complaisamment le contenu, — un gros morceau de jambon, deux belles poules farcies, une poitrine de brebis : on trouvait de tout et autre chose encore dans une soupe landaise du bon vieux temps.

loup se léchait les lèvres. Il dit qu'il était repu, bien à son aise, qu'il reposerait bien un peu, et ils s'étendirent tous deux côte à côte sur la bruyère.

Mais bientôt le renard se sentit une grande soif. Pendant que le loup dormait, il se lève sans bruit, et s'achemine vers un quartier qui était plus loin sur la lande : apercevant un trou dans le mur d'une maison, il y entre et se trouve dans une chambre où ceux du logis tenaient leur vin. Il ne manqua pas d'y goûter; il but quelques bons coups, à même la barrique, sans perdre de temps. Quand il eut bu à sa soif, il revint réveiller le loup.

— D'où viens-tu? dit celui-ci; tu pues le vin!

— C'est que j'en ai bu, parbleu!

— Où cela? J'étrangle de soif! j'y veux aller aussi.

— Siffle, milan[1]! tu t'enivrerais; puis tu voudrais chanter, faire du tapage! Tu nous y ferais prendre.

— Je ne chanterai pas! dit le loup, je ne chanterai pas! Mène-m'y seulement.

— Allons-y donc, dit l'autre, mais pas de sottises; tu t'en repentirais.

---

[1] *Siffle, milan, tu auras de la charogne*, ou, par abréviation, *siffle milan*, locution familière, pour exprimer un refus.

Et la nuit étant venue, ils partent, tous deux ensemble, et arrivent à la maison. Le renard passa d'abord dans le trou, mais quand le loup voulut entrer après lui, il était trop gros, il n'en venait pas à bout. Le renard dit:

— Ote une pierre ou deux; pas plus, on s'en apercevrait: que tu puisses passer tout juste.

Le loup poussa, tira; il arracha quelques pierres et entra à son tour, avec assez de peine. Les voilà alors tous deux à faire ribote. Le loup trouvait le vin bien bon! il ne cessait pas de boire[1]. Jamais il ne s'était vu à pareille fête! Si bien qu'à la fin il était ivre à tordre*, il commença à dire:

— Je me sens tout gai! Si nous chantions un peu, compère?

Le renard, tout en buvant, s'approchait de temps en temps du trou, pour voir si son ventre y passait encore à l'aise.

— Chut! dit-il, attends que les gens dorment. Encore un petit coup, pendant que nous y sommes.

Ils burent de nouveau, mais quand il eut bu, le

---

[1] Dans le texte, *pintéoue coum un tiracayre*. Ce dernier mot, dont le sens est devenu obscur, n'est usité aujourd'hui que dans cette locution et quelques autres analogues, *rouye coum un tiracayre, bériac coum un tiracayre*. On dit aussi quelquefois *pinta coum un céracayre* (trafiquant en marc de cire), ou *coum un sédassayre* (marchand de tamis).

loup n'y tenait plus, il se mit à chanter, sans plus attendre, criant et hurlant comme un fou, faisant un tel vacarme que la batterie de cuisine en tremblait à l'autre bout de la maison. Entendant cela, le renard s'éclipse sans rien dire. En même temps, les gens de la maison se réveillent, ils accourent tout ébahis. Voyant là ce compère, jambe deçà, jambe delà sur la barrique, ils sautent aux bâtons, aux fourches, et tombent sur lui de tous côtés. Le loup ne chantait plus ! Il gagna le trou au plus vite, mais il avait trop rempli sa panse, il ne pouvait plus passer; il manqua d'être mis en pièces. A force de peine* il se vit enfin dehors, et il s'en alla, en trébuchant, laissant la moitié de son cuir sur la place.

II

Le lendemain le renard vint à passer près d'un rucher, et il aperçut là un homme qui recueillait du miel. Il guetta cet homme, pour savoir où il portait son miel, et fit tant, de bric et de broc, qu'il lui en vola deux grands pots. Il cacha l'un de ces pots sous terre, dans la lande, et porta l'autre dans son terrier. Puis il revint trouver le loup.

— Ho! cette fois, compère, tu t'es mal tiré du jeu! Te voilà joli garçon! Mais aussi tu as chanté! tu en as passé ton envie! Quand je te le disais!

— J'ai chanté, hélas! dit le loup, et il m'en a bien cuit! C'est bien comme on dit, au pauvre la fièvre*! Je ne sais comment tu fais, toi, tu te sauves toujours de tout, tandis que moi, rien ne me tourne à bien, je suis toujours où est le malheur*. Il me sert d'avoir de bonnes côtes!

— Qui en peut mais? dit l'autre, tu fais tout de travers. Au fait, nous pourrions nous arranger mieux. Toujours voler, j'en suis las; il faut faire une fin. Si tu veux, maintenant, nous défricherons un peu de terre, nous y ferons venir du blé, nous le battrons ensemble, et nous vivrons ainsi, tête à tête, à notre bel aise, sans besoin du voisin. Nous n'aurons plus au moins à souffrir tant d'affronts.

— Ça me va, dit le loup. D'ailleurs je suis encroûté de misère*, je ne peux que changer pour mieux! Mais en attendant que nous battions notre blé, il faudra manger, pourtant.

— J'y ai songé aussi, dit le renard. Ce matin, pendant que tu dormais, j'ai guetté un *abeilleur* qui recueillait son miel, je lui en ai volé un pot; je l'ai caché ici près. En l'épargnant, nous en aurons pour quelques jours ; mais garde-toi d'y toucher que nous ne ne soyons là tous deux, ne va pas me jouer un tour.

Et ils se mirent en chemin, vers le fond de la lande, en quête d'un morceau de bonne terre, et quand ils eurent choisi leur terre ils se firent une petite maisonnette et tout*, et portèrent là le pot de miel que le renard avait enterré sous la bruyère. Et quand tout fut fait, ils sortirent, avec les outils, pour s'en aller fouir.

Et de fouir, et de fouir. Au bout d'un moment :

— Chut! dit le renard, on m'appelle pour être parrain.

— Je n'entends rien! dit le loup. Mais si l'on t'appelle, va voir ; il faut faire honneur à ce monde.

Le renard part. Il prend un grand détour, s'en va à la maisonnette, et fait un bon régal aux dépens du pot de miel. A son retour, le loup voulut savoir comment s'appelait son filleul :

— Il s'appelle Commençon, dit le renard. Un joli nom, pas vrai?

— S'il te plaît, dit le loup, autant vaut celui-là qu'un autre.

Et ils se remirent à fouir.

Et de fouir, et de fouir. Au bout d'un peu de temps :

— Chut ! dit le renard, on m'appelle encore pour être parrain.

— Bah ! dit le loup. C'est singulier comme j'ai l'oreille dure ! Vas-y, parbleu ; il faut que quelqu'un le soit !

Le renard part. Il s'en va revoir le pot de miel, en lape une autre partie, et s'en revient, le ventre plein. Le loup travaillait comme un fendeur de souches*. Il lui demanda le nom de son second filleul.

— Il s'appelle A-moitié [1], dit le renard.

— Quels diables de noms ! dit le loup ; je n'en ai jamais entendu de semblables. C'est égal, tu te gorges à ces baptêmes, toi, tandis que moi, ici, je m'éreinte et je crève de faim ! Il me tarde que la nuit vienne.

Et ils recommencèrent à fouir.

Mais le renard en eut bien vite assez. Il s'arrêta quelques instants après, en prêtant l'oreille.

— Chut ! on m'appelle de nouveau pour être parrain.

---

[1] Plus littéralement, *Moitiéron*.

— Encore? dit le loup. Ils n'en finiront donc plus! Combien de filleuls auras-tu, tout à l'heure?

— Je les vois bien venir! dit le renard; maintenant qu'ils m'ont senti dans mon bien *, c'est à qui me choiera. Pour un peu, je n'y retournerais plus!

— Retournes-y au diable *, dit le loup; à bien songer, tu auras là des soutiens si tu viens à en avoir besoin un jour. Si j'allais avec toi, ce coup-ci, pour voir un peu la fête?

— Sans qu'on t'y prie, comme le chien Labry [1]? Est-ce que tu rêves? Reste, reste là, ça ne se fait pas ainsi, compère.

Et le renard repartit seul, et revint à la maison. Il acheva de manger ce qu'il y avait dans le pot. Quand il fut de retour:

— Celui-ci, dit-il, s'appelle Finisson.

— Un joli nom aussi, dit le loup; il ne va pas mal avec les autres.

Et le soir approchant, ils cessèrent de fouir, ils rassemblèrent leurs outils et retournèrent au logis. Le loup criait toujours la faim; à peine entré, il dit

---

[1] *Qu'i ba chét d'èmbit, coum lou can Labrit,* — ou *coum lou tchébit* (petit chien), — se dit en proverbe de celui qui s'invite de lui-même quelque part. — *Labrit,* nom de chien, très usité dans la Lande, sans doute du nom spécifique français *labry.*

qu'il voulait souper, et alla dans le coin chercher le pot. Mais il le trouva vide! Il resta ébahi.

— Compère renard! il n'y a plus de miel dans le pot!

Le renard faisait l'étonné.

— C'est par ma foi vrai! Le tour est bien joué! Regarde-moi: n'est-ce pas toi qui es venu faire le coup pendant que j'étais à mes affaires? Tu peux avouer.

— Je n'ai pas bougé de la terre! cria le loup. Il n'y a que toi, finaud! Tant de baptêmes, tant de baptêmes! je m'en méfiais presque.

Et voilà du bruit. D'un mot à l'autre, ils se brouillent. Le loup voulait se battre! Le renard dit:

— Faisons mieux, allons nous coucher, et celui qui trouvera sa queue mouillée demain matin en se levant sera le gourmand et le menteur. Cela nous tirera de dispute *.

Le loup grognait comme un méchant pauvre *; il regrettait son souper. Il se résigna à la fin et dit qu'il fallait faire l'épreuve, qu'on connaîtrait le trompeur, et ils se couchèrent tous deux et se mirent à dormir.

Mais pendant la nuit le renard eut besoin de pisser. Entendant le loup ronfler, il se leva sans bruit, s'approcha de sa couche et répandit une large mare à l'entour de sa queue. Si bien que le loup, quand il s'éveilla le matin, se trouva tout mouillé: il resta la bouche ouverte, tout abasourdi, ne sachant que dire. Il essaya de se justifier de nouveau, jurant qu'il n'avait pas touché au miel, mais la preuve était là, le renard ne voulut rien entendre, force lui fut de se taire et ce fut lui le voleur.

III

Au bout de quelque temps, l'hiver arriva. Il faisait très froid, il gelait fort. Le renard vit une troupe de bûcherons qui fendaient du bois dans une *sègue* et il les guetta pour savoir où ils cachaient leurs haches, le soir, quand ils se retiraient. Un matin il se leva de bonne heure, il dit au loup:

— Quel froid il fait, compère! Si nous allions fendre un peu de bois?

— Ce ne serait pas mal fait, dit l'autre.

Et ils partent, tous deux ensemble, pour aller fendre un peu de bois.

Arrivés à la *sègue*, à l'endroit où étaient cachées les haches, ils en prirent chacun une et entamèrent un morceau de bois qui était là tout prêt à fendre. Le loup, étant le plus fort, le faisait bâiller de son bout plus que le renard du sien. Il se rengorgeait!

— Oui, dit le renard, mais tout se referme dès que tu retires la hache.

— Comment donc faire? dit le loup.

— Donne un bon coup, puis mets ton pied dans la fente, elle restera ouverte; moi j'ôterai la hache.

Le loup frappa un grand coup et enfonça son pied dans la fente: le renard enleva la hache, et voilà le pauvre niais pris dans le cœur du bois comme à un piège. Et de crier:

— Tire-moi d'ici! tire-moi d'ici! tu me fais estropier!

— Patience! dit le renard, les bûcherons vont venir, ils t'en tireront, tout à l'heure.

Et il le planta là, et s'éloigna en riant, sans l'écouter davantage. Il alla se mettre au guet dans un buisson un peu plus loin.

Quand les bûcherons arrivèrent, au bout d'un moment, ils furent d'abord bien étonnés de trouver un loup à cette place; mais voyant qu'il était pris, ils saisirent leurs haches et coururent tous sur lui. Et les coups de pleuvoir sur le malheureux loup. Si bien que dans sa hâte l'un d'eux lui coupa le pied qui était retenu dans la fente, et le loup s'échappa, tout meurtri, clopin-clopant, mais bien heureux encore de s'en trouver quitte de la sorte.

Il se mit aussitôt à la poursuite du renard. L'autre le vit venir, il tira vers son terrier au plus vite: comme il s'enfonçait dans le trou, le loup arrive et l'attrape par une patte de derrière.

— Ah! varien! coquin! C'est ma mort que tu voulais? Va, je ne te ferai pas grâce.

— Quoi! dit le roué, tu penses me tenir, peut-être? Tire, tire, cousin, la racine du tauzin.

Le loup crut qu'il s'était mépris; il lâcha le pied du renard et s'accrocha à une racine qui était là tout auprès, et le renard se glissa dans le trou en éclatant de rire. Le loup était penaud!

Mais il réfléchit qu'il l'attraperait peut-être d'une autre manière; il fit un gros tas de branches et de feuilles de pin à l'entrée du terrier et alluma un grand feu, afin de l'étouffer là. Cette fois le renard n'était plus à son aise; la fumée remplissait le trou, il suffoquait et n'osait plus sortir. Il dit:

— Grand merci, compère; je grelottais de froid dans ce trou, grâce à toi je me réchauffe un peu. J'ai ici un autre pot de miel que je tenais en réserve, je peux me moquer de toi!

Et le loup de se mettre à éteindre son feu, et à éparpiller les tisons autour de lui, au plus vite : en un instant la place se retrouva nette. Il jurait comme un juif*! Le renard dit :

— Je te montrerai que je vaux mieux que toi : si tu veux, nous ferons la paix, tout sera oublié, et nous vivrons ensemble, en bons amis, tout comme avant. Approche, que je te donne un peu de miel.

— Je n'en ai que faire! dit le loup. Si le diable ne t'emporte*, mon tour viendra, je t'attraperai un jour ou l'autre.

Et il s'en alla, furieux, en lui faisant mille menaces.

Mais bientôt la faim le prit. Par malheur la lande était couverte de neige, aucun troupeau ne sortait; il courut tout le jour sans trouver à manger : ne sachant que devenir, force lui fut encore de recourir au renard, et il revint vers lui, le lendemain, lui demandant un peu de miel, par grâce, pour apaiser sa faim : jamais il n'oublierait ce service. Tant qu'à la fin le renard lui en fit passer un peu par la bouche du terrier; mais il recula aussitôt.

— Car, dit-il, tu n'as que méchanceté; si je sortais, tu serais encore capable de te mettre à ma poursuite.

— Dieu m'en garde! dit le loup, tu es trop serviable! Si tous étaient comme toi, on ferait peut-être un monde ¹!

— Bon! dit le renard. Puisque tu parles si bien, chaque matin, tant que durera cette neige, je te donnerai un peu de miel, tu n'auras qu'à venir. Je veux t'aider à vivre.

Et ils firent la paix, et redevinrent amis, et le loup s'en alla, tout joyeux de se savoir hors de misère.

Le lendemain matin, le renard alla attendre le loup sur son chemin, près d'une grande lagune profonde qui était glacée d'un bord à l'autre. Il l'aperçut bientôt qui arrivait à toutes jambes. Que fait-il à l'instant? il s'approche de la lagune, et s'avançant sur la glace, bien doucement, il s'en va faire, au beau milieu, un gros tas de fiente tout fumant. Il cria au loup, en revenant au bord:

— Hé! ce froid te tient bien éveillé, compère!

— Il ne fait pas trop bon rester sur place! dit le loup.

— Oh! moi, pas si sot! J'ai fait du feu, je me suis bien chauffé.

— Où cela? dit le loup.

---

¹ C'est-à-dire: le monde, la vie serait supportable.

— Là-bas, dit le renard, en lui montrant la fiente, qui fumait encore un peu au milieu de la lagune; mais il va s'éteindre, tu peux te dépêcher si tu en veux ta part.

Et le loup de courir de ce côté, en toute hâte. Près du bord, la glace était épaisse, elle résista; mais comme il approchait du milieu, elle se rompit sous ses pieds brusquement, et voilà mon pauvre loup au fond de l'eau.

Et à ce coup, ma foi, il resta là.

Et le renard s'en retourna à ses affaires.

<blockquote>Moi je mis le pied sur une taupinière,
Je m'en revins à Labouheyre.</blockquote>

(*Conté en 1879 par Étienne Baleste.*)

Avec *Grain-de-Mil, le Coq* et *les Chevreaux*, il n'y a pas de conte que j'aie entendu plus souvent redire dans mon enfance, soit aux veillées d'hiver, soit dans la grand'lande, autour des *parcs*, en trottinant sur la bruyère aux talons des vieux pâtres. Il est, comme le précédent, un de ceux qui prêtent le plus, par leur donnée familière, aux amplifications du dialogue et aux réflexions humoristiques du narrateur, et, si délayée qu'elle puisse paraître, la version qu'on vient de lire est assurément de beaucoup la plus sobre de toutes celles que j'ai recueillies. Au dernier moment j'ai cru devoir faire dans la traduction quelques très légères coupures (en tout quatre ou cinq lignes), pour en alléger un peu l'allure. J'ai fait de même, dans un ou deux endroits, pour *Grain-de-Mil* et *les Chevreaux*.

SECONDE PARTIE

TEXTE GRAND-LANDAIS

DE LA PRONONCIATION [1]

I

En patois *grand-landais* (c'est la dénomination que je proposerais pour notre idiome), sauf les exceptions indiquées dans les remarques qui suivent, toutes les lettres se prononcent et ont la même valeur que dans l'alphabet français.

b et *g*, placés entre une voyelle et la consonne *l*, dans *hable*, fable, récit mensonger, *herable*, misé-

---

[1] Écrivant dans un idiome sans grammaire, j'ai pris à tâche d'en faire du moins connaître ici le plus exactement possible la prononciation. J'avoue que j'ai dépassé de beaucoup les limites que je m'étais prescrites, et l'on pourra trouver surtout que j'ai abusé des exemples, mais les philologues comprendront l'intention et m'absoudront, je l'espère. Heureux si je n'avais pas d'autres raisons d'appréhender leurs critiques et de me recommander à leur indulgence.

rable, qui fait horreur ou pitié, *nuble,* nuage orageux, *magla,* bouger, *peugle,* poix, *prigle,* foudre, *tartugle,* tortue, et autres semblables, se prononcent comme s'ils étaient doublés : *hab-ble, herab-ble,... prig-gle, tartug-gle.*

c a le son de l's dure devant *e, eu, é, i* : *ceda,* céder, *ceurc,* cercle, *cén,* cent, *cinta,* ceindre. Marqué de la cédille, devant *a, o, ou, u,* il se prononce de même : *miaça,* menacer, *aço,* ceci, *douçou,* douceur, *çustét* (pour *cistét*), panier.

Comme il ressort de ce qui est dit plus haut, l'orthographe suivie est, sauf exceptions forcées, purement phonétique. La principale de ces exceptions consiste dans l'emploi de la lettre *c, ç* dans un grand nombre de cas où son remplacement par l's simple ou double (*seda, seurc, sén, sinta, miassa,* etc.), qui eût été la conséquence rigoureuse de la règle adoptée, aurait pu paraître choquant. Ici, d'ailleurs, l'emploi de la lettre étymologique peut s'excuser encore par l'avantage qui en résulte de différencier graphiquement certains mots homophones : *ço,* ce (dans *ço que,* ce que), et *so,* sœur, — *ce,* ce (dans *ce dit,* ce dit-il, dit-il), et *se,* se, — *ceut,* champignon, et *seut,* soif, etc.

ch se prononce comme en français dans *champ, chiche, Auch* : — *charre,* chétif, *chime,* singe, *tach,* blaireau.

eu et *e* muet. La fréquence de ces deux sons constitue la caractéristique principale du grand-landais [1] :

eu se prononce comme en français dans *peu, meute, vareuse :* — *beu,* veine, et racine, *leude,* bouse, *candeule,* chandelle, *coudeune,* couenne.

e muet, figuré par *e* ou par *è,* suivant les cas, a la même valeur que dans les mots français *de, brebis, dessus, ressort, redevenir,* — *ils parlent,* — *âme :* — *becut,* cousin (insecte), et ogre, *candeloun,* bougie en pain, *semia,* semer, *dèsglousi, dèsgrousi,* dégeler, *dèspèilla,* déshabiller, *dèsbarrèya,* démêler, *nètèya,* nettoyer, *hènèya,* faner (le foin), *marcandèya,* marchander, *èspèli,* éclore, sortir de l'œuf, *èsbèrnica,* agacer, crisper, *èspèsnica,* ruer, *pèrpèrèya,* ciller, *èmbia,* envoyer, *èsbènta,* éventer, *bènça,* faire pencher, et influencer, gagner, *agrèssa,* émoudre, *hèrra,* ferrer, *tèrrèya,* terrer (un pré), *arrèstèra,* râteler, *èsta,* être, *èstiou,* été, *pèrhiou,* jalousie (en amour), *èscampich,* malicieux (espiègle), *èntènèbrat,* à demi ivre, entre deux vins, *pèr,* pour, *èntèr,* entre [2], entre,

---

[1] Non, cependant, que cette particularité lui soit exclusivement propre ; elle lui est commune avec le patois qui l'avoisine au sud, et persiste jusque dans celui de Bayonne.

[2] Et non *ènteur, euntre,* comme on pourrait être tenté d'écrire, à prendre ces mots isolément : s'appuyant toujours sur un autre mot qui suit, les deux syllabes de *èntèr, èntre* sont brèves et atones au même

— *qu'aydes,* tu aides, *qu'aydèm,* nous aidons, *qu'aydèt,* vous aidez, *qu'aydèn,* ils aident, — *hime,* femelle, etc.

Toutefois, — c'est une observation qu'il importe de faire, — à la différence du français, qui a pour usage, surtout dans les provinces de langue d'oïl, d'articuler à peine l'*e* muet [1] (*r'ssort, redev'nir, am'*), le grand-landais, sauf dans quelques cas indiqués plus loin, le fait toujours nettement entendre.

On doit donc lire, — mais sans perdre de vue que l'*u* placé entre crochets ne figure ici que comme instrument de démonstration, pour marquer le *son* de la voyelle *e* et nullement sa *longueur,* en un mot pour mieux écarter de l'idée toute analogie de prononciation avec l'*é* fermé ou l'*è* ouvert : — *be[u]cut, cande[u]loun, se[u]mia, de[u]sglousi, de[u]spe[u]illa, de[u]sbarre[u]ya, ne[u]te[u]ya, he[u]ne[u]ya, marcande[u]ya, e[u]spe[u]li, e[u]sbe[u]rnica, e[u]spe[u]snica, pe[u]rpe[u]re[u]ya, e[u]mbia, e[u]sbe[u]nta, be[u]nça, agre[u]ssa, he[u]rra, te[u]rre[u]ya, arre[u]ste[u]ra, e[u]sta, e[u]stiou, pe[u]rhiou, e[u]scampich, e[u]nte[u]ne[u]brat, pe[u]r, e[u]nte[u]r.* — Cet emploi répété de l'*eu* bref ou *e* muet est un fait phonétique peu commun qui pourrait de prime abord dérouter le lecteur

---

titre que dans les composés *éntérlusi,* éblouir, *éntérsèca,* dessécher, *éntértène, éntretène,* entretenir.

[1] Ou prétendu muet, car on sait que pour beaucoup de grammairiens, l'abbé d'Olivet en tête, cette qualification, que je n'emploie ici que pour me conformer à l'usage ordinaire, est tout à fait inexacte, même quand l'*e* termine des mots tels que *vraie, vue, armée,* et qu'elle ne lui conviendrait réellement que lorsqu'il est sans valeur aucune dans la prononciation : *j'eus, sein, eau, gageons.*

étranger à notre idiome, et l'on comprend qu'un signe particulier qui rappelle la nature de ce son, s'il n'est pas indispensable dans *becut, candeloun, semia,* etc., cas qui ont leurs analogues en français, le devient dans les mots tels que *nètéya, pèrpéréya, dèspéilla,...... pèr, éntèr,* que sans cette indication on serait porté à lire *nétéya, pérpéréya, déspéilla,...... pér, éntér,* par assimilation avec la prononciation des autres patois. N'était cette considération, on pourrait établir cette règle, qui simplifierait notablement l'orthographe : *Tout e non accentué est muet.*

Au commencement des mots et dans les désinences de beaucoup de verbes en *éya*, l'*e* muet peut être supprimé par la rapidité de la prononciation : on entend souvent dire *'sta, 'mbia, 'spèsnica, 'stiou, 'ntèr,* — ce qui a lieu surtout après un mot finissant par une voyelle, — de même que *pèrpèria, dèsbarria, hènia, marcandia, nètia, que nètiéoue,* etc. Il y a loin de ces formes brèves à celles de la version mimizanaise de l'Enfant Prodigue, laquelle, entre autres singularités, enseignerait à écrire : *eusta, eumbia, euspeusnica, neuteuya, apeura, reufleuchi, peurdut, arreubita,* et même, tant elle affectionne la lourde voyelle *eu,* — *queu,* que, *deu,* de, *leu,* le (article), *neu,* ne (adverbe), *seu,* se, etc. (au lieu de *que, de, le, ne, se),* ce qui est purement grotesque, car il n'y aurait aucune bonne raison pour ne pas imiter cette orthographe en français, la prononciation de ces monosyllabes y étant absolument la même qu'en grand-landais. D'autres monosyllabes, les pronoms *me,* me, *ne,* en, *le,* le, etc., peuvent, à la vérité, revêtir les formes longues *meu, neu, leu,* mais ce n'est qu'à certaines places, dans un cas déterminé. Ce qui sera dit ci-après de la permutation fréquente de l'*eu* et de l'*e* muet dans cette dernière classe de mots et surtout dans la conjugaison de certains verbes montrera combien il importe de donner dans l'écriture leur valeur vraie à chacun de ces deux sons.

La distinction, du reste, est en général très nettement faite dans le langage[1]. Un petit nombre de mots seulement pourraient laisser quelque incertitude, et pour en fixer dès à présent l'orthographe, il convient d'admettre l'existence d'un *eu* moyen ou demi-long, intermédiaire entre l'*e* muet et l'*eu* long déjà décrits : c'est, presque exclusivement, l'*eu* uni en diphthongue soit avec un *i* ou un *ou* qui précède, soit avec un *y* qui suit, dans les mots tels que *désmieuya*, démêler, *pieunta*, peigner, *ensourcieuri*, ensorceler, *quérieuroun*, dimin. de *quériére* (ou *criyére*), crible, *pieutadous*, compatissant, — *escoueucha*, écuisser, *joueunot*, jeunet, — *s'aneuyta*, s'anuiter, *arreuydi*, *arreuyda*, refroidir, *heuyra*, acheter ou troquer à la foire, *beuyrot*, petit verre, *cadeuyrayre*, chaisier, etc. A consulter attentivement l'oreille, ce son peut être aussi voisin de l'*e* muet que de l'*eu* ordinaire[2], et ces mots, ainsi écrits, prendront nécessairement une lourdeur qu'ils n'ont généralement pas dans la prononciation

---

[1] Il suffit, pour s'en rendre compte, de remarquer la prononciation des mots où l'*eu* et l'*e* muet se trouvent rapprochés, comme *debeu*, devoir, *pérqueu*, pourquoi, *bérseut*, verset, *hérreut*, briquet, *espleuyt*, produit (rendement), *éstreum*, côté, *éntérmeuy*, entre, *sébérpeus*, surpoids, et réjouissance (t. de boucherie), *bérgueute* (ou, par métathèse, *bregueute*), cierge, *greheure*, râle (de la mort), *teneuille*, jarret, *pérpeure*, paupière, *pémpeune*, bembex (insecte fouisseur), *sénseune*, pollen, *bénteune*, grand vent, *disedeuy*, proverbe, *joumpedeuyre*, balançoire.

[2] On constatera déjà sa brièveté tout au moins relative en rapprochant les diphthongues atones *ieu*, *oueu*, *euy* dans *désmieuya*, *escoueucha*, *joueunot*, *s'aneuyta*, *cadeuyrayre*, des mêmes diphthongues, devenues toniques, et nécessairement plus longues, dans *que désmieuye*, il démêle, *qu'escoueuche*, il écuisse, *joueun*, jeune, *que s'aneuyte*, il s'anuite, *cadeuyre*, chaise.

courante. Mais d'autre part l'emploi des formes en *è* (*dès-mièya, èscouècha, s'anèyta*), aurait des inconvénients manifestes, dont le premier serait de rendre possible, malgré le signe, l'assimilation de l'*e* des syllabes *iè* et *ouè* avec l'*e* détaché ou quasi-nul des mots français *je prierai, rooerie*, et les formes par *eu* sont, dans les cas susdits, celles qu'il y a forcément lieu d'adopter.

Cependant, par exception, l'orthographe par *e* s'imposera, à l'exclusion de toute autre, dans certaines formes verbales du parler de Sabres, qui ont pour désinence la même diphthongue *ie[u]*, soit seule, soit suivie d'un suffixe personnel, *que bariès*, tu balaies, *qu'èntamiè*, il entame, *que seumièm*, nous semons, *que carmièt*, vous cardez, *que houdièn*, ils fouissent, etc.[1], et où par conséquent les groupes *ries, mie, miem, miet, dien* ne forment qu'une seule et même syllabe muette, — *que bárie[u]s, qu'èntámie[u], que seúmie[u]m, que cármie[u]t, que houdie[u]n*, — cas singulier, sans doute, et dont les autres patois du domaine gascon offrent probablement assez peu d'exemples[2], mais pour lequel on serait fort empêché de proposer une notation différente.

e et *eu* se substituent l'un à l'autre dans les pronoms *me*, me, moi, *te*, te, toi, *nès*, nous, *bès*, vous, *le*, la, *lès*, les (plur. fém.), *èn* (ou *ne* par métathèse), en, suivant que ces mots sont procli-

---

[1] Au lieu de *que baleuyes, qu'èntamiye, que semiyèm, que carmiyèt, que houdissèn*, qui se disent plus communément à Labouheyre.

[2] On peut en rapprocher le bordelais *courakie* et le bazadais *couradkie*, — pr. *courakie[u], couradkie[u]*. (V. Luchaire, *Et.* 225; abbé Caudéran, *Dialecte bordelais*, 14-15.)

tiques (appuyés sur le mot qui suit), ou qu'ils prennent l'accent tonique :

Me creuys?, me crois-tu?, — *Creuy-meu*, crois-moi,

Tourne-me-lou, rends-le-moi, — *Tourne-meu ço de moun*, rends-moi ce qui est mien,

Bès aydèt?, vous aidez-vous?, — *Éydat-beus*, aidez-vous,

Le preuns?, la prends-tu?, — *Preun-leu*, prends-la,

T'èn sérps?, t'en sers-tu?, — *Sérp-t'eun*, sers-t'en,

T'èn bos ana?, tu veux t'en aller?, — *Ba-t'eun de 'qui*, va-t'en de là,

Ne portes?, en portes-tu?, — *Porte-neu*, portes-en.

La même permutation a lieu, toujours par suite du déplacement de l'accent tonique, dans la conjugaison de certains verbes. Exemples :

a) *Que treuni*, je tresse,
   Que trènéoui, je tressais,
   Que trènéri, je tressai,
   Qu'éy trènat, j'ai tressé,
   Que trènréy, je tresserai,
   Que trènri[1], je tresserais,

---

[1] Prononcez *tré-nréy, tré-nri*. — *nréy, nri* en une seule émission de voix.

Treune, tresse, — *trènam,* tressons,
Que treuni, que je tresse,
Que trènéssi[1], que je tressasse,
Trena, tresser,
Trenans, tressant.

b) *Que preuni,* je prends, — *Que prèni,* je prenais,
Preunèt?, prenez-vous?, — *Preneut,* prenez.

c) *Beudèt?,* voyez-vous?, — *Bedeut,* voyez,
Que beudèn, ils voient, — *Èn bedeuns,* en voyant.

d) *Brètèya,* bégayer, — *Que breteuye,* il bégaie,
Houmbèya, vaciller, — *Que houmbeuye,* il vacille,
Tèrmènta, tourmenter, — *Que tèrmeunte,* il tourmente,
Dèsbarrèya, démêler, — *Que dèsbarreuye,* il démêle,
Arditèya, liarder, — *Qu'arditeuye,* il liarde,
Pèrpèrèya, ciller, — *Que pèrpèreuye,* il cille.

L'*e* muet, à la fin des mots, s'élide dans la prononciation quand le mot qui suit commence par une voyelle: *dèche aqueure-aqui,* laisse celle-là, prononcez *dèch' aqueur' aqui.*

---

[1] On remarquera l'accentuation du dernier *e* dans *trènéoui, trènéri, trènéssi.* A mon sens, il n'y a pour ainsi dire pas de sons ouverts, et, partant, pas d'accent grave en grand-landais.

On dirait toutefois, sans élider l'*e* final, *le oueune*, le vanneau, *que ouayti*, je garde, la voyelle *ou* jouant dans certains cas le rôle de consonne.

Comme en français, l'élision de l'*e* n'est marquée dans l'écriture que dans quelques mots, tels que *le*, la (art. ou pron.), *me*, me, *te*, te, *que*, que, etc. : — *l'aygue*, l'eau, *m'èn baou*, je m'en vais, *qu'arrit*, il rit.

e, suivi de *m* ou de *n*, n'a jamais le son qu'il prend en français dans *emploi*, *enclos*.

gn se prononce toujours mouillé, comme dans le mot français *agneau* : — *gnac*, morsure, *gnagnes*, mines, minauderies, *jugnéc*, adroit, ingénieux, *lamagn*, terre cultivée (considérée surtout par rapport à son étendue ou à sa qualité [1]).

h initiale, après un mot terminé par une *s*, se confond avec le son de cette *s*, qu'elle renforce : *as hami?*, as-tu faim?, *dus heumnes*, deux femmes, *lous hiléts*, les fléaux ; — pron. *assami, dusseumnes, loussiléts*.

Dans tous les autres cas, elle est aspirée.

é, dans les désinences des mots, est tantôt long et tonique, comme dans *méyri*, marraine, *éscarni*,

---

[1] Se dit aussi, mais moins souvent, d'une étendue inculte : *un bèt lamagn de lane.*

contrefaire (singer), *hassi*, tasser, *lusi*, luire, *aqui*, là, *hari*, farine, *que hari*, je ferais, *que cantri*, je chanterais, *cantit*, chant, *ardit*, liard, *arrèsim*, raisin, *Cournalis*, Cornalis (nom de hameau), *Parantis*, Parentis (nom de village), *Taris* (nom de famille); — et tantôt bref et atone, comme dans *òmi*, homme, *òmis*, hommes, *quiti*, quitte (qui ne doit plus), *escàrni*, niche (espièglerie)[1], *qu'èstoùri*, je fus, *que cánti*, je chante, *que cántim*, que nous chantions, *que cántit*, que vous chantiez, *que cántin*, qu'ils chantent, *Dáouris*, Daurys (nom de famille), *Coúntis*, Contis (nom de hameau et de famille).

Des formes homogrammes en *i* qui ne se distinguent entre elles, comme quelques-unes de celles qui précèdent, que par

---

[1] Dans quelques-uns des noms et adjectifs de cette classe, la terminaison en *e* tend, sous l'influence du français, à se substituer à la terminaison en *i*; on dit encore *omi*, *quiti*, de même que *sèrbici*, service, *malici*, malice, *bici*, vice, *hami*, faim, *bimi*, vime, *poustémi*, pus, *luouami*, levain, *ichami*, essaim, *glisi*, église, mais non moins fréquemment *ome*, *quite*, *sèrbice*, *malice*, *bice*, *hame*, *bime*, *poustéme*, *luouame*, *ichame*, *glise*. Dans un grand nombre d'autres les formes en *i* sont restées seules usitées ; outre *èscarni*, ci-dessus cité, tels sont *nèrbi*, nerf, *cèrbi*, cerf, *graci*, grâce, *oli*, huile, *hali*, milan, *martoli*, bâtonnet (jeu d'enfants), *aoutchami*, l'ensemble des oiseaux, *bèrmi*, ver, *èstrami*, fourrage fourni par le maïs, le mil et le panis, *bouhémi*, vaurien, qui vit d'expédients (t. de mépris), *èscrépi*, gringalet, avorton (id.), *parropi*, paroisse, *borni*, borgne, *leuni*, lente (œuf de pou), *glori*, orgueil, *noutari*, notaire, *bècari*, vicaire, *tèrri*, bourgeon (de la face), *bèrri*, verrat, *marri*, bélier, *narri* et *hasti*, dégoût, *ustri*, huître, *lustri*, myope, *leusi*, alène, *cassi*, chêne, *couti*, couenne, *leunti*, lentille (éphélide), etc.

le son fort ou faible de cette voyelle, c'est-à-dire par la place qu'occupe l'accent tonique, peuvent se rencontrer dans la conjugaison d'un même verbe ou dans des conjugaisons différentes, et dans ces cas tout au moins le signe de l'accentuation aurait plus d'une fois son utilité :

a) *Que díoui*, je dois, — *Que diouí*, je devais,
Que coúrri, je cours, — *Que courrí*, je courais,
Que báli, je vaux, — *Que balí*, je valais,
Que sábi, que je sache, — *Que sabí*, je savais,
Que mouríri, je mourus, — *Que mourirí*, je mourrais.

b) *Que bárri*, je ferme, — *Que barrí*, je vaudrais,
Que bíri { je tourne, je vis *(vidi)*, } *Que birí*, je viendrais, etc.

i conserve toujours sa prononciation naturelle, comme dans le mot français *inédit*; il ne forme jamais avec l'*n* ou l'*m* le son *ain* qu'il a dans *vin, impôt*.

ill représente le son mouillé que prend l'*l* dans les mots français *railler, bail, péril* : — *maill*, hanche, *gaill*, vigoureux, de belle venue, *éscargaill*, éclat de rire, *haille*, crête (de coq), et gerçure, *éstourbeuill*, tourbillon, *pouilla*, gronder, *truilla*, salir, *irille*, lierre, *goupille* ou *boupille*, ajonc nain, *agrill*, habitude, *mandill*, cape, manteau, *hétill*, sabbat.

L'*i* est donc nul dans *maill, gaill*, etc., où il ne figure que pour marquer la prononciation mouillée de l'*l* double, tandis que dans *irille, goupille, agrill* et autres semblables il garde sa valeur propre en remplissant la même fonction.

ll double, initiale, ayant le son mouillé sans l'adjonction d'un *i*, ne se rencontre guère que comme forme euphonique du pronom *li*, lui, devant un verbe commençant par une voyelle : *que ll'agradi*, je lui plais, *que ll'eus ésgaou*, ça lui est égal [1]. La forme régulière, *li*, — *que li agradi*, — est du reste aussi souvent employée [2].

Le mouillement de l'*l* à l'initiale est encore usité vers Sabres, Arjuzanx et le sud du pays de Born dans quelques rares mots, comme *lluoua*, lever, *lleuyt*, lit, et *lléou*, peut-être (lequel même se prononce *léou* au sens de « bientôt »).

ss, à la fin des syllabes, — indépendamment de l'articulation déjà décrite qu'elle forme avec *g*, — a deux prononciations différentes. Elle est tantôt

---

[1] On le trouve cependant aussi dans *llotis* (*i* atone), niais, lourdaud. Je n'en vois présentement aucun autre exemple.

[2] Comme on le verra plus loin, la figuration de l'*l* mouillée par *ill* nécessite la présence d'un tréma sur l'*u* du groupe *uill* dans les mots tels que *üilleute, üillaou, brüill, jüille*, où l'*u* se prononce et l'*i* reste muet, lesquels se distinguent ainsi d'autres, comme *guilla, sourguilla, sarguill*, où l'*u* est nul tandis que l'*i* garde sa valeur propre. Si cette notation n'avait pour elle d'être rendue commune et familière par l'usage du français, peut-être y aurait-il avantage à lui substituer l'orthographe par *ll* ou bien par *lh*, — celle-ci mieux venue des romanistes, — d'autant que le cas de deux *l* dures de suite ou de *l* devant *h*, dans un même mot, ne se rencontre jamais en grand-landais. *(Belloc, Belhade, Balhadère*, noms de lieu ou de famille, et sans doute quelques autres mots qu'on pourrait opposer, ne sont point des exceptions : on dit, en patois pur, *Bélloc, Balehade, Balehadére.)*

nasale, comme dans le mot français *encan*[1] : *gran*, grain, *man*, main, *pan*[2], pain, *san*, sang, *èstan*, arrêt, pause, *lugan*, grosse étoile (se dit surtout de Vénus), *bén*, bien, *bin*, vin, *èslin*, glissant, *lou Tastoun* (nom de lieu), *loun*, long, *lou moun*, le mien, mon, *jun*, jonc, *carrinca*, grincer, *caïnca*, *cayinca*, crier (en parlant d'un chien qu'on frappe), *tranga*, tinter, *ranquéya*, boîter, *sanna*, saigner, *arrèsinna*, abandonner ; — et tantôt linguale, comme dans le mot français *abdomen* ou dans la première partie du mot *inné* (*in*-né)[3] : *gran*,

---

[1] A cela près toutefois que le vrai son nasal français est plus *intérieur*, par conséquent plus plein et plus sonore. Mais ajoutons aussi que la nasalité propre au gascon est beaucoup moins marquée en grand-landais que dans certains autres patois voisins, celui de Dax par exemple.

[2] « *n*, écrit M. Luchaire (*Étud.* 226), dentale qui se prononce forte » et détachée dans presque tout le domaine gascon, prend, chez le paysan » landais, un son extrêmement nasal : *pan* (panis), pron. *pagn* et quel- » quefois même *pangn*. » Dans tout le domaine grand-landais, ce mot se prononce *pan*, — *n* nasale, toujours brève et sans la moindre tendance au mouillement. Les mots dans lesquels l'*n* finale prend le son mouillé sont assez peu nombreux, et cette prononciation, du reste, — la même qu'en français dans *bagne* (*bagn'*), — est nécessairement indiquée par un *g* antécédent ; tels sont *bagn*, bain, *gagn*, gain, *caougagn*, talon, *lamagn*, terre en culture, *èstagn*, étain, et étang, *ségn*, saint, *èmbreugn*, malignité (d'une plaie, d'une parole), *bèsougn*, besoin, *cugn*, coin, *biscugn*, recoin, *lugn*, loin, *pugn*, poing. Quant à l'articulation *ngn* (*pangn*), elle est totalement inconnue à notre dialecte.

[3] En d'autres termes, l'*n* dite linguale (ou souvent aussi palatale) se prononce en appuyant l'extrémité de la langue sur la partie antérieure du palais. Dans la prononciation de l'*n* nasale ce contact n'a pas lieu.

grand, *cirman*, faîtage, *human*, enfumoir, *pan*, tablier, *dibés san*, vendredi saint, *èstan*, étai, *nan*, nain, *bén*, vent, *bin*, vingt, *nin*, enfant à la mamelle, *lou Taroun* (nom de lieu), *Loun*, Léon (id.), *lou Moun*, Mont-de-Marsan (littéralement le Mont[1]), *jun*, joint, *pindoula*, pendre (être suspendu), et être irrésolu, en suspens, *énjisca*, crisper, être agacé, *panle*, poutre, *canlat*, liteau transversal d'une palissade [2], *mounla*, mouler. Il n'y a que l'usage qui puisse bien faire connaître cette différence de prononciation.

Dans *cinglan*, souple, délié, flexible, *tinclan*, ferme, consistant, et ductile, *Moungran*, Mongrand (nom de famille), etc., la première *n* est nasale (*gran*, grain) et la seconde linguale (*gran*, grand); c'est l'inverse dans *pinsan*, pinson, *pinsoun*, dissipé, espiègle, *boundroun*, goudron, *Tindan*, *Guidènsoun* (noms de lieux), *Lantin*, *Cantoun* (surnoms d'hommes), etc. Dans *encouèntat*, affairé, *encaouna*, mettre en ruche, *encranqui*, encrasser, *engusi*, *engana*, duper, *anfèrn*, enfer, la prononciation de l'*n* précédant *c*, *g*, *f* (sans que ce soit toutefois le cas pour tous les mots analogues), est indécise et indifféremment nasale ou linguale. Ces exemples montrent la difficulté qu'il y aurait à établir pour l'*n* finale une règle pratique de prononciation, et n'était l'inconvénient de sur-

---

[1] On sait que l'article s'est longtemps maintenu en français devant ce nom. On l'a employé quelquefois encore dans des écrits de ce siècle.

[2] C'est le français *chanlatte* passé en patois avec une déviation de sens.

charger l'écriture, le mieux serait d'user d'un signe spécial pour distinguer entre eux ces deux sons [1].

[1] Dans son étude sur le patois de Mimizan, M. l'abbé Beaurredon parle en ces termes de cette double prononciation de l'*n* : « Le *n* final..... » est labial (il va de soi que c'est *lingual* qu'il a voulu écrire), lorsque, » primitivement, il était suivi d'une autre consonne, comme dans : ben » (vent) de *ven-tum*; bin (vingt) de *vigin-ti*..... Il est nasal, lorsque, » primitivement, il était suivi d'une voyelle. Ex.: pa'n (pain) de *pan-em*; » bi'n (vin) de *vin-um*..... » Cette loi, vraie sans doute dans la majorité des cas, n'est cependant pas rigoureusement exacte, et parmi les mots plus haut cités, plusieurs ne s'y conforment pas ; tels sont : 1° *nan* (son lingual), nain, dérivé de *nanus*, où l'*n* est suivie d'une voyelle ; 2° *lugan*, étoile, *san*, sang, *loun*, long, *jun*, jonc (son nasal), dans les primitifs latins desquels l'*n* est suivie de la dentale *d* ou des gutturales *g*, *c*, — *lux grandis*[*], *sanguis*, *longus*, *juncus*. — Citant auparavant cette remarque de Diez, qu'en vieux provençal *n* conserve même à la fin des syllabes sa prononciation linguale et qu'il n'y aurait aucune vraisemblance à lui attribuer le son nasal français « puisqu'il est inconnu même aux patois modernes » (*Gramm. comp.* I, 372), M. Beaurredon fait judicieusement ses réserves pour le patois de Mimizan, auquel ce son est familier, concurremment avec l'*n* linguale, comme il l'est, du reste, au parler de toute la Grande-Lande et des régions environnantes (et même, si je ne me trompe, à bon nombre d'autres patois d'entre Océan et Garonne, pour ne parler que de ceux que renferment ces limites). Diez paraît s'être restreint, pour l'étude du gascon, à la partie sud de la province, c'est-à-dire à la Navarre et au Béarn (*op. cit.* I, 101), ce qu'explique la rareté ou pour mieux dire l'absence d'écrits grammaticaux sur la plupart des autres points ; mais toujours est-il que son assertion est inexacte, et il peut être utile d'y insister [**].

[*] C'est du moins l'étymologie qu'on a proposée (V. *Rev. de Gasc.*, T. VIII, p. 382), d'après le gascon auscitain *lugran* et le béarnais *lugraa*.

[**] Le Dictionnaire de Mistral dit au sujet de l'*n* : « A la fin des mots, les Proven- » çaux la prononcent à la française, c'est-à-dire avec un son nasal, et les autres » Méridionaux à l'espagnole, c'est-à-dire fortement. » Cette observation (critiquable elle-même, — on vient de voir pourquoi, — dans sa dernière partie), met l'erreur de Diez en évidence et en montre toute la portée. Ajoutons que si l'on va aux sources qu'il indique, on ne peut qu'être surpris de voir l'éminent linguiste s'appuyer, pour déterminer ce point de phonétique provençale, sur deux auteurs qui parlent exclusivement, l'un, l'abbé de Sauvages (*Diction. languedocien-français*, pp. XVIII et 314), de la prononciation languedocienne, l'autre, Béronie (*Diction. du patois du bas Limousin*, p. 354), de la prononciation corrézienne. — (*Note ajoutée pendant l'impression.*)

ou, dans *oun*, où, *calou*, chaleur, *chudou*, sueur, *hurou*, frayeur, *Betout* (nom de lieu), *mourmoc*, forme indistincte, *moundourre*, taciturne, *amourre*, qui a le vertige, etc., se prononcent comme en français dans *cou*.

Dans quelques mots peu nombreux, cette voyelle était fréquemment employée autrefois comme finale atone, concurremment avec l'*e* muet; tels sont *anjou*, ange, *manjou*, manche (d'outil), *mérlou*, merle, *lichou*, lessive, *guérlou*, louche, *Pascous*, Pâques, *barcou*, réservoir à résine, *bapou*, massette (masse d'eau, quenouille), etc. Mais l'on dit aujourd'hui plus souvent *anje*, *manje*, *mérle*, etc.

On constate, en somme, quatre désinences muettes différentes en grand-landais : *e* dans *hime, que cante*, — *i* dans *omi, que canti*, — *iè* dans *que bariès, qu'èntamiè* (Sabres), — et *ou* dans *anjou* (peu usité). Ajoutons qu'elles gardent toujours leur valeur alphabétique et ne prennent aucun de ces sons douteux, mitoyens entre deux ou plusieurs autres et souvent difficiles à saisir même à l'aide des meilleures grammaires, que présentent certaines finales dans un assez grand nombre de patois.

ou s'unit en diphthongue soit avec la voyelle suivante, comme dans *oua*, gué, *luoua*, lever, *oué*, bouvier, *moué*, doux, maniable, *marsuoue*, chèvrefeuille, *gaouére*, fourrage fourni par le panis, *qu'aoui*, j'avais, *gaoutis*, chouette, *saoutic*, sureau, *taouüc*, cercueil, *aouüca*, hurler ; — soit avec la voyelle précédente, comme dans *braou*, marais, et taurillon, *maouta*, remuer (un liquide), *agraoule*, corneille, *agréoule*, houx, *hastiaou*, fastidieux, dégoûtant, importun, *méousse*, rate, *héou*, fiel, *béouc*, écharde, *jiou*, joug, *pioula*, piauler, *rioula*, avoir la fièvre, *èsmiouda*, émietter, *èspiouga*, épucer, *pèmpioule*, frange, fanfreluche, *arriou*, ruisseau, *soubiou*, haie, *èstriout*, étrier, *miout*, menu, *doou*, deuil, *dooule*, difficile, *mioou*, moyeu (de l'œuf), *muoure*, bourdon (insecte), *huous* ou *huouts*, fougère [1].

Par exception, dans quelques mots, *ou* se rencontre avant ou après une voyelle avec laquelle il ne fait point diphthongue et qui se prononce séparément ; celle-ci est alors marquée d'un tréma : *touït*, pouillot, *anouït*, exténué, *päouill*, épi de panis, *päoun*, paon, *äoun*, où ; dites *tou-it, anou-it, pa-ouill, pa-oun, a-oun*.

ou semi-voyelle peut précéder ou suivre immédiatement *ou* voyelle dans un même mot : *aououille*, brebis, *graououille*, grenouille, *traououill*, dévidoir, *qu'aouout*, il eut, *que buouout*,

---

[1] C'est la prononciation du *w* anglais dans *war (ouár)*, guerre, *how (haou)*, comment. La règle de beaucoup de romanistes est de représenter ce son par la voyelle *u* : j'ai le regret de ne pouvoir m'y conformer, car, outre que cette notation s'écarterait du système d'orthographe que j'ai adopté, elle offrirait certainement pour le grand-landais plus d'inconvénients que d'avantages.

il but, — *jououeun*, jeune, *sououeun*, souvent, *ourtououa*, avorter; prononcez *awouille, grawouille, trawouill, qu'awout, que buwout,* — *jouweun, souweun, ourtouwa*. Cependant dans la plupart de ces mots la semi-voyelle peut quelquefois ne pas se faire entendre, et l'on dit également *āouille, grāouille, trāouill, qu'āout, joueun, ourtouā*.

Parmi les diphthongues que la voyelle *ou* concourt à former, *iou* offre la particularité suivante: tandis que dans certains mots, tels que *rioula, pioula, arriou, arrious, soubiou, soubious*, le son de l'*i* prédomine, au détriment de celui de l'*ou*, qui demeure faible et comme inachevé (c'est la diphthongue descendante *īoŭ*, familière à tous les dialectes du Midi), dans d'autres, le son plus bref de l'*i* (en ce cas semi-voyelle), se g   r celui de l'*ou*, qui est prépondérant, exactem   comme dans le mot français *pioupiou* : — *biouta*, cheminer, *narrious*, répugnant, *lèntious*, lentilleux, *harious*, farineux, *nèrbious*, nerveux, *èscarnious*, malicieux (espiègle), *hamioun*, meurt-de-faim, *Marioulic* (nom de femme), etc.

r a le son fort à l'initiale : *redoun*, rond, *rouqueut*, pigeon sauvage[1] ; après la particule préfixe

---

[1] C'est le petit ramier des naturalistes *(columba œnas, L.)*, simplement dit *ramier* dans nos contrées, comme on nomme *palombe* le pigeon ramier *(columba palumbus, L.)*.

èn : ènredoulit, frileux, ènraoucat, enroué [1]; dans quelques autres mots composés, tels que *caouquereu*, quelque chose, *riperape*, gribouillette, *Riouraou* (surnom d'homme) ; et enfin dans le redoublement : *arran*, rainette, *arroumeut*, ronce, *arrebrouch*, rejeton, *biscarre*, tonte des brebis, *sigorre*, choin marisque. Elle est douce dans les autres cas.

s se prononce comme *z* : 1° entre voyelles dans le corps des mots, quand elle n'est pas doublée, *lusért*, lézard, *mose*, gencive, *tésic*, tentation [2]; — 2° à la fin des mots, devant une voyelle, *lous arms*, les membres ; prononcez *luzért*, *moze*, *tèzic*, *louzarms*.

s médiale ou terminale, placée entre une voyelle et une consonne autre que *c*, *p*, *q*, *t* ou une seconde *s* a généralement le son d'une *h* faiblement aspirée : *èsbarri*, égarer, *èsdouga*, écraser, *dèsgalassi*, dé-

---

[1] Comme aussi dans *Anri* (*n* linguale), Henri ; mais ce n'est là qu'un de ces noms propres français assez nombreux qui se sont imposés au patois sans grande modification de son ni de forme et dans lesquels il ne faut point chercher les vrais caractères de l'idiome. En général, hors le cas précité, l'*r* ne se détache point, dans la prononciation, de la consonne qui la précède dans un même mot : *que dehounri*, je fondrais, *que hènrèy*, je fendrai, *que bènras*, tu vendras, *qu'aouünira*, il hurlera, *que capsreu*, il dresserait ; dites *que dehou-nri*, *que hè-nrèy*, *que bè-nras*, *qu'aouün-lra*, *que cap-sreu*, — *nri*, *nrèy*, *nras*, *lra*, *sreu* se faisant entendre en une seule émission de voix.

[2] Il faut y comprendre le cas où c'est une semi-voyelle qui précède : *caouse*, chose, *adayse*, aisément.

gager, débarrasser, *èslindrat*, effilé, élancé, *èsmoustra*, défigurer, *èsnasa*, énaser, *dèsnouda*, dénouer, *pousgnac*, point de côté, *lès lanes*, les landes, *lous buous*, les bœufs, *lous oueuills*, les yeux ; prononcez, en faisant très peu sentir l'h, e[u]hbarri, e[u]hdouga, de[u]hgalassi, e[u]hlindrat, e[u]hmoustra, e[u]hnasa, de[u]hnouda, pouhgnac, le[u]h lanes, louh buous, louh oueuills. — En finale et avec une consonne antécédente, quand le mot suivant commence par une autre consonne, elle s'assourdit également en beaucoup de cas, ou se perd même tout à fait, comme dans *dét' cops*, dix fois, *tout' dus*, tous deux, *cap' blans*, têtes blanches, *can' hoous*, chiens enragés, etc.[1].

Notons cependant que dans la génération nouvelle un assez grand nombre, qui ne patoisent plus qu'à contre-cœur et du bout des lèvres, affectent de donner toujours à l'*s* son articulation sifflante.

Ch représente le son mouillé du *ch*, produit par l'application de l'extrémité de la langue sur la partie

---

[1] Par contre, on trouve d'assez nombreux cas d'une *s* paragogique: on dit souvent *mêmes* pour *même*, même, *Boudious!* pour *Boudiou!*, Bon Dieu!, *mounomes* pour *mounome*, mon homme (locution familière, comme en français *mon garçon*), *neuyts* pour *neuyt*, nuit (dans *qu'i hèy neuyts*), *journs* pour *journ*, jour (dans *qu'i hèy journs*), *landoumans* (Sabres), pour *landouman*, lendemain, etc. (Encore — n'était l'avis contraire de quelques grammairiens pour les cas analogues qu'offre le français — ne pourrait-on pas voir là, plus d'une fois, une lettre étymologique ?)

antérieure du palais, d'où on la retire vivement : *tchac*, petit point, tache, et piqûre, *tchot*, chouette, et goutte, *tchirp*, crapaud, *tchanque*, échasse, *tchanca*, marcher avec des échasses, *tchampouilla*, marcher dans l'eau, *tchirtchire*, chassie, *tchitchouns*, rillons, *poutcha*, téter, *escalitche*, étincelle, *litchart*, délicat (sur le manger), *litchérre*, lèchefrite, *tchérriscle*, fauvette.

A la fin des mots, toutefois, le *t* se fait nécessairement entendre à part : *herutch*, sauvage, *gat-putch*, putois, *cutch*, coffin, *match*, contusion.

Vers la lisière sud de la Grande-Lande, *tch* se change souvent en un autre son qui est produit par le contact de la partie moyenne de la langue avec le milieu du palais, et qui est, approximativement, celui d'un *k* adouci *(kh)* et d'un *i* semi-voyelle heurtant d'un seul et même choc la voyelle qui suit, — *khiac*. A la fin des mots, cette articulation serait évidemment plus difficile à noter encore.

u est muet après le *q*, auquel il est toujours joint : *eusque*, agaric des arbres, *seusque*, laiche paniculée, *le Taruque* (nom de lieu), *d'ésquérle*, de biais, *ésqui*, échine.

Précédé d'un *g*, l'*u* est également nul dans la prononciation devant *e, eu, é, i*, où il ne sert qu'à donner l'articulation dure à cette consonne : *ségue*, forêt de pins, *Gueuntes* (nom de lieu), *gangué*, malpropre, *guit*, canard, *guille*, désir, *pourguille*, spathe du maïs, *sourguilla*, fureter, *espourguilla*, dépouiller le maïs, *sarguill*, étoffe commune, moitié laine, moitié coton [1].

Cependant il garde sa valeur propre dans *agüille*, aiguille, et timon, *agüillé*, étui, *agüillade*, aiguillade, *pègüille*, génisse, et femme de mauvaise vie, *pègüillé*, pégullié, chemin de troupeaux [2], où l'*i* de la consonne composée *ill* ne se prononce pas (*agu-lle, agu-llé, agu-llade, pègu-lle, pègu-llé;* — *ll* mouillées).

Dans ces derniers mots, l'*u* est marqué d'un

---

[1] C'est la *péruvienne* du commerce. Pour l'étymologie de *sarguill*, v. Littré, au mot *serge*.

[2] Les pégulliés, dont la vente et l'ensemencement des landes communales (loi de 1857), ont de beaucoup diminué le nombre, sont proprement, dans la Grande-Lande, des bandes de terrain vague et d'usage commun où passe le bétail, à la sortie des lieux habités, pour gagner ses pâturages. Il semble hors de doute qu'on doit tirer *pègüillé* (et par conséquent *pègüille*) du latin *pecualis* (de *pecus*), et non de l'ancien français *pègue*, poix, comme le fait Littré (Supplément, v° *pégullière*), qui, à tort, place exclusivement ces passages dans les forêts de pins et tire apparemment de cette circonstance (le pin éveillant l'idée de poix) la raison de l'étymologie qu'il adopte. D'autres inexactitudes, il faut le dire, ont échappé à Littré en ce qui a trait aux mots de provenance gasconne. V. notamment, aux Additions, *postine*, dont la définition est erronée et du reste contredite par l'exemple même qui est donné à la suite *.

---

* Postine (gr.-l. *poustine*, dimin. de *pos*, planche), petite planche aiguisée ou arrondie par un bout, qui sert à former les palissades.

L'étymologie que je propose pour *pègüillé* se trouve confirmée, à une nuance près, par le Dictionnaire de Mistral, qui tire le mot de *peculiarius*, dérivé de *peculium*, lequel se rattache lui-même à *pecus*. — (*Note ajoutée pendant l'impression.*)

tréma, et il en est de même dans tous ceux où, précédé de cette voyelle, l'*i* de la consonne *ill* est nul dans la prononciation : *üilleute* [1], entonnoir, *üillaou*, alvéole (d'un rayon de miel), *jüill*, juillet, *jüille*, courroie de joug, *brüill*, grande volée (d'oiseaux), *se brüilla*, se vautrer, *trüilla*, salir, etc.

u ne sonne jamais comme en français dans *alun*, *parfum*, ou comme dans *jungle*, *lumbago* ; il garde toujours sa prononciation naturelle, comme dans *lune*, *fumée* : — *unta*, oindre, *junta*, joindre, *crum*, nuage, *arrebum*, contre-coup, *bastumba*, frapper, faire du bruit en frappant.

y forme toujours diphthongue avec une voyelle précédente ou suivante : *array*, rayon (de soleil), *ray*, frère, *nay*, andain, *Garbay* (nom d'homme), *méyri*, marraine, *le Boyre*, la Boyre (nom de lieu), *touy*, dindon, *couyre*, cuivre, *louyre*, loutre, *pruyt*, produit, rendement, — *hayoc*, cahot, *Gaye* (nom de lieu et de famille), *garbaye*, feuille de pin, *cuye*, citrouille, *tuye*, bruyère, *atchicouyi*, rapetisser [2].

Il ne modifie dans aucun cas, comme il le fait

---

[1] On dit aussi *illeute (i-lleute)*, cas rare, sinon unique, d'un *i* initial suivi de *l* mouillée.

[2] Le cas d'une triphthongue formée par deux *y* et une autre voyelle intermédiaire n'est pas sans exemple : *yay* (terme enfantin), frère, *arditéyayre*, liardeur, *yoyes* (Sabres), joyaux. — *Ou* semi-voyelle offre aussi quelques cas analogues : *ouuou*, œuf, *fiouaou*, fief.

en français, le son naturel de la voyelle placée devant lui.

y n'a jamais le son aigu de l'*i* : c'est dire qu'il n'y a aucune similitude à établir entre la prononciation des diphthongues françaises *oui, ui* (*oui, puits*), où la voyelle finale prédomine, et celle des diphthongues gasconnes *ouy, uy* (*louyre, ruyté*), dans lesquelles l'*ou* et l'*u* sonnent plus fortement que l'*y*, qui ne se fait entendre que comme un *i* bref et très affaibli.

Les lettres **c, d, f**[1]**, j, m, o, p, t, z** ne donnent

---

[1] Que *f* soit ou non une lettre primitive en gascon et par suite en grand-landais*, — et déjà l'absence de la labiale douce *v* semblerait être une présomption en faveur de la négative, — ce qui est certain, c'est qu'elle a été tout au moins d'un usage fort restreint autrefois dans ce dialecte, qui a une préférence naturelle bien marquée pour l'aspiration, surtout à l'initiale. Ce n'est, manifestement, qu'à l'influence du français que *f* doit d'avoir, dans un assez grand nombre de mots, pris la place de l'*h*, et l'on peut juger de ce travail de substitution par ce qui se passe encore sous nos yeux. Les vieillards d'il y a vingt ans disaient, — et, à Labouheyre du moins, on n'entend plus qu'assez rarement dire — *ëhlaouri, hlaouri, hlouri* pour *flouri*, fleurir, et moisir, *ëhlou, hlou* pour *flou*, au sens de floraison. A côté de *ëhla*, enfler, *hé*, fer, *hèrra*, ferrer, *hort*, fort, *huma*, fumer (du tabac), *heuyre*, foire, *trahaillan*, inconsidéré, qui agit et parle sans discernement, *arrehéne*, refendre, *ahourés*, fourré, hallier, *ënhounça*, enfoncer, *hable*, fable (mensonge), etc., formes presque exclusivement usitées naguère, on emploie aujourd'hui, et de plus en plus communément, *anfla, fért, fèrra, fort*,

* Cf., entre autres, Luchaire, *Orig. linguist. de l'Aquitaine*, 25-28 et 35 ; Diez, *Gr. des L. R.*, I, 101, 261, 348 *et pass.*; Lespy, *Gramm. béarn.*, 100-104 ; Léonce Couture, dans la *Rev. de Gasc.*, t. XII, p. 466. « Je crois qu'on peut établir en règle » générale, dit M. L. Couture, que les mots gascons primitifs ne renferment jamais » d'*f*.... Que l'on ne m'oppose pas la présence de l'*f* dans de très vieux titres de notre » pays. Plus les titres sont vieux, plus ils sont écrits, d'ordinaire, d'après les habitudes » normales de la langue d'oc officielle et classique. La prononciation ancienne était » certainement à peu près la même qu'aujourd'hui, et l'*f* écrite se prononçait *h* dans » notre pays. »

lieu à aucune observation. — *v* ne se rencontre que dans quelques néologismes et quelques rares onomatopées. — *k* et *w* sont inusités.

II

De nombreuses suppressions de lettres, outre celles qui ont été déjà incidemment notées, ont lieu en grand-landais. Les unes sont d'usage constant, à l'exclusion absolue des formes régulières, comme dans :

de 'co (de aco), de cela,
de 'qui (de aqui), de là,
pèr 'qui (pèr aqui), par là,

fuma, feuyre, trafaillan, arrefènde, afourés, enfouça, fable. Même là où *f* paraît le plus ancienne, on peut parfois retrouver la trace d'une *h* antérieure : témoin, pour *fin*, fin (subst. et adj.), les mots *ahigna*, affiner (tromper), *hignén*, finaud, cauteleux, et aussi les noms de deux lieux peu distants de la Grande-Lande, *La Croix de Heins* et *Saint-Martin-de-Hinx*, dont la dernière partie est formée du latin *finis*, limite [a]. Ce fait que les mots latins *formica, fragum, frumentum, formaticum, frigidus, frater, fructus, furunculus, frontiare*, etc., n'ont passé en gascon qu'en perdant leur initiale (*arroumic, arrague, roumeun, roumatje, reut, ray, ruyte, rouncle ou rounque, rountchi*), est encore une preuve visible de la répulsion originelle de cet idiome pour l'*f*.

[a] On a souvent placé près du premier de ces lieux les limites des Boïens et des Bituriges-Vivisques. Le second était le point de démarcation des évêchés primitifs de Dax et de Bayonne. (V. Beaurein, *Variétés bordelaises*, II, 595, et III, 300; Jouannet, *Statistique de la Gironde*, I, 223.)

pr'un cop (pèr un cop), pour une fois,
pr' a-d-eut[1] *(pèr a-d-eut),* pour lui,
su' le lane (sus le lane), sur la lande,
sou broc (sus lou broc), sur la bruyère,
uou' péyre (uoue péyre), une pierre,
gran' man (grane man), grande main,
grans ales (granes ales), grandes ailes,
broy' gouyate (broye gouyate), jolie fille,
broys heumnes (broyes heumnes), jolies femmes.

Uoue, précédant un autre adjectif ou un nom, perd toujours son *e* final, et il en est ainsi de *grane, broye,* même au pluriel. Mais on dirait que *gn'a uoue,* il y en a une, et *man grane, ales granes, gouyate broye, heumnes broyes, uoue* étant ici employé sans le nom, et *grane, granes, broye, broyes* placés après lui.

D'autres sont facultatives, bien que presque toujours usitées, comme dans :

su 'n pé (sus un pé), sur un pied,
su 'ou' came, — pron. *suou*[2] — *(sus uoue came),* sur une jambe,

---

[1] *A-d,* dans *pr'a-d-eut,* comme dans *qu'eus a-d-eut de bi,* c'est à lui de venir, *que trigue a-d-i'ana,* il tarde à y aller, etc., est-il uniquement la préposition latine *ad* conservée dans les textes romans ? (V. Lespy, Gr. béarn., 2ᵉ édit., p. 417.) Dans *èn-d-un loc,* dans un lieu, *èn-d-un cop,* à la fois, *bailla èn-d-un praoube,* donner à un pauvre, *d* n'est évidemment que simple lettre euphonique. Pour cette raison et pour d'autres qu'il serait trop long d'exposer ici, il semble que dans plus d'un cas la question ne saurait être tranchée avec certitude.

[2] Cas rare d'aphérèse et d'apocope dans un même mot.

su 'queut demieuy (sus aqueut demieuy), sur ces entrefaites.

D'autres enfin, produites par la rencontre de deux voyelles, sont plus ou moins marquées, suivant la rapidité de la prononciation. Tantôt la seconde voyelle se fait légèrement entendre, tantôt, et c'est le cas le plus ordinaire, elle est éliminée tout à fait :

aco 'qui (aco aqui), cela,
i 'mbia (i èmbia), y envoyer,
ha 'sta (ha èsta), faire contenir, et arrêter, faire cesser,
ha 'n sèmblans (ha èn sèmblans), faire semblant,
ha 'oubri, — pron. *haoubri* — *(ha aoubri)*, faire ouvrir,
ha 'na, (ha ana), faire aller,
ana 'ou cam, — pron. *anaou* — *(ana aou cam)*, aller au champ,
pa 'n cop (pa un cop), pas une fois,
pa 'ncouére[1] *(pa uncouére)*, pas encore,
ana ' pé (ana a pé), aller à pied,

L'éy anade mia ' le lane.
(Chanson landaise).
J'ai été la mener à la lande.

[1] La préposition *pa*, par exception, élide son *a* final à la rencontre d'un autre *a* : au lieu de *i'a pa'reu*, il n'y a rien, *n'éy pa 'ouut*, je n'en ai pas eu, etc., il m'a paru plus simple d'écrire *i'a p'arreu*, *n'éy p'aouut*.

qu'i'a 'ou' leuy, — pron. *kiaou*, syllabe triphthongue — *(qu'i'a* [1] *uou' leuy)*, il y a une loi.

Il va de soi que celles de ces suppressions qui sont facultatives ne sont qu'irrégulièrement figurées dans l'écriture, et c'est dire que la prononciation de l'idiome est souvent beaucoup plus coulante et plus rapide qu'elle ne le paraîtra à la lecture.

Cette tendance à l'abréviation se rencontre encore dans les pronoms *me*, me, *te*, te, *lou*, le, *lous*, les, *nès*, nous, *bés*, vous, qui de plus peuvent subir certaines transformations dont il y a également lieu de dire quelques mots.

Me, te, devant un verbe commençant par une consonne, peuvent se changer en *èm, èt,* — *èm beuys?*, me vois-tu?, *èt beuy pa,* je ne te vois pas, — ou bien, si le mot qui précède est terminé par une voyelle, se réduire en beaucoup de cas à *m, t,* qui alors s'incorporent à ce mot, — *quèm caouhi,* je me chauffe, *quèt séc* [2], il te suit, *quim truque?,*

---

[1] *i,* adverbe, précédant une voyelle, se lie presque toujours intimement avec elle, et cette prononciation est marquée par l'apostrophe. Souvent l'*i* de *qui* se comporte de même: *lou qui éy,* celui que j'ai, pron. *kiéy* en une seule émission de voix.

[2] *Que,* dans *quèm, quèt,* est la particule explétive, familière à la plus grande partie des dialectes gascons, qui précède le plus ordinairement le verbe à toutes les personnes des temps de l'indicatif, du conditionnel et du subjonctif. Par contre, *que,* conjonction, offre cette singularité que l'usage l'omet assez fréquemment là où la syntaxe exigerait sa présence: *quèt dic n'ic buy pa,* je te dis (que) je ne le veux pas, *qu'éy*

qui me frappe?, *sèm luoui,* si je me lève, *saye dèm ténè,* essaie de me tenir.

A Sabres, où, comme dans le Marensin, l'usage des pronoms enclitiques est plus général, on dirait également *quès caouhe,* il se chauffe, *quèns beuyt,* ou *quès beuyt (se* pour *nès),* il nous voit, etc.

Lou, placé devant le verbe dont il dépend, se comporte diversement, selon que ce verbe commence par une voyelle ou par une consonne; dans le premier cas, il perd toujours ses deux voyelles : *que l'éy,* je l'ai; dans le second, il peut indifféremment garder sa forme propre ou se changer en *oou*: *que lou beuy, qu'oou beuy,* je le vois. Le pluriel, *lous,* s'emploie tel quel ou se transforme en *oous* dans l'un et l'autre cas : *que lous éy, qu'oous éy,* je les ai, *que lous beuy, qu'oous beuy,* je les vois. — Après un verbe à l'impératif déjà suivi d'un autre pronom, *lou* et *oou, lous* et *oous* s'emploient concurremment, *saoube-te-lou, saoube-t'oou,* garde-le, *saoube-te-lous, saoube-t'oous,* garde-les.

Nès, bès éliminent invariablement leur *s* finale

---

ahide bira pa, je crois (qu')il ne viendra pas. Le vieux français procédait souvent ainsi : *Ils l'aiment tant ne li faldrunt nient, — N'en poet muer n'en plurt, — Ço sent Rollanz la veüe ad perdue.....* (Chanson de Roland, v. 397, 825, 2297 *et passim* de l'édition Gautier). Le même fait est constaté pour l'ancien béarnais par M. Lespy, *Gramm. béarn.,* p. 428. Il se retrouve en latin et dans d'autres langues. (V. Diez, *Gr. des L. R.,* III, 313.)

devant *lou, lous: que ne lou baille*, il nous le donne, *que be lous ouayte*, il vous les garde; devant *oou, oous* et *èn*, en, ils ne conservent souvent que leur consonne initiale: *que b'oou baille*, il vous le donne, *que n'oous ouarde*, il nous les garde, *que n'èn bam*, nous nous en allons. — *Bès*, à la rencontre d'une voyelle, se syncope assez fréquemment en *bs*, et il se soude alors au mot qui précède: *quèbs ayme*, il vous aime. Quand la contraction a lieu après un nom, un trait-d'union est nécessaire:

> *La, qu'at aqui, galan,*
> *Ço que mama-bs embiye.*
> (Chanson landaise).

> Tenez, voilà, galant,
> Ce que maman vous envoie.

III

Je donnerai pour finir quelques indications sommaires sur les principales variations que présente le grand-landais suivant les localités où il est en usage.

Le parler de Sabres, bien qu'il appartienne en propre à ce type, n'est pas sans employer un certain nombre de formes qui diffèrent plus ou moins sensiblement de ses formes ordinaires. Au lieu de *jou*, je, moi, *jutje*, juge, *arraouja*, rager, *Jan*, Jean, *leuyt*, lit, *luoua*, lever, *crot*, lieu, et creux, fosse, *huc*, feu, *ouuou*, œuf, *tuoule*, tuile, *puou*, cheveu, *lapa*, alios, *ėslounga*, allonger, *que semiye*, il sème, *que soun*, ils sont, *que bouris*, il bout, *que hadouri* ou *que hiri*, je fis, *que hadoures* ou *que hires*, tu fis, *que hadout* ou *que hit*, il fit, *que hadourèm* ou *que hirèm*, nous fîmes, *que hadourèt* ou *que hirèt*, vous fîtes, *que hadourèn* ou *que hirèn*, ils firent, *que minjéri*, je mangeai, *que minjéres*, tu mangeas, *que minjét*, il mangea, etc., qui est le langage usité à Labouheyre, on dit à Sabres et à Luglon, de préférence, *you*, *yutye*, *Yan*, *arraouya*, *lleuyt*, *llioua*, *clot*, *houeuc*, *ouoou*, *tooule*, *poou*, *laba*, *ėslounca*, *que seumiè*, *qu'én*, *que boureuys*, *que hadouy*, *que hados*, *que hadou*, *que hadoum*, *que hadout*, *que hadoun*, *que minyéy*, *que minyés*, *que minyé*. La forme du passé défini et l'usage régulier (comme dans le Marensin [1]) de l'*y* semi-voyelle pour *j*, restreint à un certain nombre de mots à

---

[1] Ce nom, dans sa vieille acception, ne s'applique qu'à la portion de pays, de forme triangulaire, comprise entre Lit et le Vieux-Boucau, le long de l'Océan, et Taller, dans l'intérieur des terres ; mais les habitants de la Lande l'entendent assez communément d'une région un peu plus étendue du côté du nord et qui renfermerait même Mézos : c'est dans ce sens que je l'emploie toujours. — Les géographes le donnent souvent aujourd'hui à toute la zone littorale qui va de Parentis à Capbreton, sur une largeur de huit à dix lieues.

Labouheyre, Pissos, Parentis, Mimizan, sont surtout caractéristiques.

Vers Pissos, avec quelques variantes provenant d'une suppression ou d'une mutation de voyelles, comme *üill*, œil, *uou*, œuf, pour *oueuill, ouuou,* — *tooule, poou* (comme à Sabres), pour *tuoule, puou,* — *lioua,* lever, pour *luoua,* — *bayleut*, valet, *maysoun*, maison, *maynatje*, enfant, petit garçon, *maynade,* fille, pour *béyleut, méysoun, méynatje, méynade,* il n'y a guère à constater que l'emploi presque constant des désinences en *éy* dans la plupart des mots terminés ailleurs en *é,* — *aouilléy,* berger, *crabéy,* chevrier, *ouéy,* bouvier, *paou tchanquéy,* bâton d'échassier, *éyguéy,* évier, *huguéy,* fuyard, sauvage, *soubréy,* pesant, qui dépasse les forces *(aouillé, crabé, oué, paou tchanqué, éygué* ou *aygué, hugué, soubré,* à Sabres, Labouheyre, Mimizan), et aussi la substitution habituelle du *d* à l'*s* dans quelques noms et formes verbales, comme *taoudin,* tauzin, *arredim,* raisin, *coudine,* cuisine, *menudéy,* menuisier, *ludi,* luire, *dide,* dire, *que didé,* il disait, pour *taousin, arresim, cousine, menusé, lusi, dise, que disé.* (Toutefois le *d* s'emploie aussi ailleurs assez souvent dans la conjugaison de ce dernier verbe [1]).

---

[1] Comme il est partout de règle dans celle de *ha,* faire : *que hadi,* je faisais, au lieu de *hasi,* forme normale conservée dans d'autres patois.

Ces mêmes particularités se retrouvent, soit en totalité, soit en partie, avec une assez grande quantité d'autres, vers Sore, Saugnac, Belin, Biscarrosse, où l'influence des dialectes girondins se fait déjà sentir dans de nombreux traits, par exemple dans le remplacement de l'*e* par l'*a* dans l'article féminin (au lieu de *le, lès,* — *le heumne, lès heumnes,* — qu'emploie le grand-landais pur, on dit *la, las,* — *la heumne, las heumnes,* — dans ces localités), et dans le durcissement de plus en plus général, sauf vers Biscarrosse, de la semi-voyelle *y* en *j,* — *barréja,* mêler, *saja,* essayer, etc., pour *barreya, saya.*

Quant au parler de Mimizan, la tendance des voyelles *a* et *é* à s'assourdir, la première en *e* muet, surtout dans les mots où deux syllabes en *a* se suivent, la seconde en *eu* au parfait défini et à l'imparfait du subjonctif de certains verbes, est à peu près la seule singularité un peu marquée qui le caractérise : au lieu de *amassa,* ramasser, *amaga,* épargner, faire grâce, *atrapa,* attraper, *encarrassa,* encarrasser, *traouassa,* traverser, *amalayse,* malaisément, *Nadaou,* Noël, — *que carquéri,* je chargeai, *que carquét,* il chargea, *que gahérén,* ils prirent, *que demandéssin,* qu'ils demandassent, il dit en effet, assez volontiers, surtout dans le langage tout à fait rustique, *améssa, améga, atrépa, encarréssa, tréouèssa* ou *trouèssa, amelayse, Nèdaou*, — *que carqueuri, que carqueut, que gaheurèn, que demandeussin.* (Quelques traces de cette prononciation, — qui n'est point la règle invariable, je le répète, — se remarquent à Labouheyre et même au-delà vers l'est dans *tarèouét* ou *tarouét,* tarière, *èsnèsit,* narine, *mèrca,* marquer, *apédèssa,* rapiécer, *èmbarrèssa,* embarrasser, *dèmna,* damner, etc., usités concurremment avec *taraouét, èsnasit, marca, apedassa, èmbarrassa, damna.*)

En fait, le patois de Mimizan, non plus que celui de Pissos, ne se distingue de celui de Labouheyre par aucun trait bien saillant. Il en est de même de celui de Parentis-en-Born, et c'est dans la région délimitée par ces quatre localités et quelques autres qui les avoisinent (Escource, Trensacq, Richet), que le grand-landais conserve en général le mieux sa vraie physionomie.

Plusieurs des particularités observées dans le *sabrin,* — *y* pour *j (you, yutye, Yan), ll* pour *l* dans quelques mots *(lluoua, lleuyt, lléou),* etc., — se retrouvent vers Arjuzanx, Onesse, Mézos, Saint-Julien-en-Born, Lesperon, à côté d'autres non moins importantes parmi lesquelles on peut signaler : 1º l'usage à peu près général de la consonne *(khi,* précédemment décrite, pour *tch (khiac* au lieu de *tchac);* 2º l'emploi beaucoup plus fréquent qu'ailleurs des terminaisons en *ou* au parfait défini et à l'imparfait du subjonctif, avec celui des terminaisons en *eu* déjà constaté dans le *mimizanais*: *que bailloussi, que bailleussi*, qu'il donnât — (on dit cependant *que bailléssi* à Arjuzanx, où les formes en *é* demeurent aussi usitées); 3°, pour certaines de ces localités, une tendance plus ou moins marquée à remplacer le parfait défini soit par le parfait indéfini, soit par le plus-que-parfait, selon les cas; 4° enfin, pour Arjuzanx exclusivement, l'usage de quelques formes verbales particulières, *que souy*, je suis, *que bouy*, je veux, etc., pour *que suy, que buy*, de même que l'incorporation assez habituelle de l'adverbe de lieu *i* au verbe, *que boulé anay*, il voulait y aller, pour *que boulé i'ana*. — Les mêmes observations s'appliquent au parler de la plupart des localités situées plus au sud jusque vers Laluque et Castets (sauf pourtant qu'à Castets les formes *que suy, que buy, i'ana* reparaissent), et l'on peut à la rigueur, malgré un assez grand nombre d'autres dissemblances, jointes à une certaine pointe d'afféterie qui a sans doute sa cause dans le voisinage de Tartas et de Dax, le rattacher encore au même idiome. Au-delà, bien qu'il conserve encore l'*e* sourd caractéristique du grand-landais, le langage se modifie sensiblement et prend bientôt une physionomie trop différente pour qu'on puisse l'identifier avec lui.

En somme, — et pour clore ces remarques où je n'ai prétendu donner qu'un aperçu rapide de variations dialectales dont le tableau méthodique et complet reste à faire, — l'aire qu'on peut *approximativement* assigner pour domaine au grand-landais comprend en entier les cantons de Sabres, Sore, Pissos, Parentis-en-Born et Mimizan, avec des portions de ceux de Belin, Arjuzanx, Tartas-Ouest et Castets. Elle ne correspond donc pas exactement avec les limites de la Grande-Lande proprement dite, laquelle, à prendre cette dénomination, demeurée toujours assez vague, au sens qu'elle a le plus souvent reçu, n'englobe dans leur intégralité que les deux cantons de Sabres et de Pissos, avec des parties plus ou moins étendues de ceux de Parentis, Belin, Sore, Labrit et Arjuzanx.

LOU HAOU PRAOUBÉYRE

Qu'r'aoué 'n cop un haou s'apréoue Praoubéyre. Qu'ére praoube! praoube coum lou gat dou jutje! Ta praoube, que pr'arriba a bioue que calé, mantun cop, émbia lous souns méynatjes a-d-amassa, capbat lou téms, faoute de pan à le méysoun. Un seu d'iouérn, Praoubéyre qu'ére séytat aou cugn dou huc, dap lous méynatjes, én atineun' que sa heumne boutéssi lou tchic dou soupa su' le taoule, un bieuill praoube tout éspéillandrat que binout turta a le porte, én diseuns :

— Pr'amo de Diou, brabes amnes, ém baillreut pa un tchic de place aou pé dou laré, pér passa le neuyt, dap un troussic de pan, chét bés priba?

— Éntrat, praoube omi, 'ntrat, ce réspounout Praoubéyre, haram toutjamé coum pusquim.

Le heumne n'ére pa counténte; rougnéoue énter-meuy lés déns :

— Èspiat doun! Ém pa prou couarres? Qu'am daoune, tout-deci-aqui, émbia lous méynatjes ha courre le clusque, d'un éstreum é de l'aout, ié 'ncouére adare que bas te méte a loutja lous passans!

— Bo! ce dit Praoubéyre, caou aoueu coumpas-sioun! Caouques boucins de mé ou de meunj, que bos que si! Porte lou tchic doun i'a.

É que dichout a l'omi :

— Sabét, lou qui eus praoube n'eus pa riche. I' aoura pa gran' caouse a bouta dap lou pan, mé que partatjram de boun co. Hét-beus ént'aou laré, qu'ét tout éstramsit.

É que lou hit séyta, que jitét caouques garraills sou huc, é con lou bieuillot s'éstout bieun éscalourit, que lou hit méte a le taoule coustat d'eut su' l'éscabéle, én li diseuns de minja, se pribéssi pa. É labeuts, con aouourén passat uou' paouse a railla, que biné l'ore de se coutcha, lou haou é sa heumne que hirén un jas aou pé dou huc pér lou praoube omi, de queu passa le neuyt ta bieun coum se poudoussi, é que s'i 'stinout.

L'andouman matin, taléou coum hit journs, lou

praoube se luouét é se prenout soun paou pèr parti;
mé aou moumeun de passa lou soula, que dichout
a Praoubéyre :

— Praoubéyre, asseu, daouan de bi aci, qu'anouri
truca a le porte d'un riche : que m'ahouquét, boulout pa me ha l'aoumoyne. Tu, aou crounte, qu'as
tan de coueuntes a bioue, qu'és éstat pieutadous :
t'én hara pa doou, jou que suy lou boun Diou, é én
pagues de 'queure boune obre quét perméti dèm demanda treus caouses ; sin caous sin, que lés aouras.

Ce dit le heumne tout bas a Praoubéyre, én lou
poussan' dap lou coupte :

— Demande lou richeuy. Qu'ém ta praoubes!
Que nés pusquim aou meun beude un tchic de
boun téms, lou rèstan dous nos journs, é dicha
aprés nousatis caoucarreu aous méynatjes!

— Déche-me sounja, ce dit Praoubéyre.

É con aouout sounjat uou' paouse, que dichout
aou boun Diou :

— Qu'éy aci un bieuill trubés : que bourri que
nat' dous qui s'i' asséytran déssus s'én poudoussin
pa luoua chét lou moun aoubedit.

Le heumne, én éntineuns aco, pétésléoue énter
pét é coueuy ; ce dit tout touchaou :

— Mé béns péc? Que lou diable bos que

t'aproufiti aqueut trubés? Qu'ém praoubes jitedeuys! te balé pa doun tu meuille demanda lou richeuy?

— Qu'eus a jou de réspoune, ce dit Praoubéyre, que demandi ço que m'agrade.

É que sounjét ugnaoute paouse, é que dichout aou boun Diou :

— Qu'éy aqui daouan le porte un poumé oun me bénén toutjamé pana lés poumes : que bourri que nat' dous qui i' arrusplran déssus én pouscoussin pa draba chét que jou qu'ic pérméti.

Le heumne sabé pa mé oun pati.

— Pérts doun tu lou cap, ce dit, de te dicha 'scapa lou bounure con te bén ataou aou daouan! Aouras pa tu de queu te croumpa poumes é tout ço que bourras, s'un cop as lou richeuy?

Ce dit Praoubéyre :

— Qu'eus a jou de réspoune, qu'ic héssi coum me sap boun.

— Mé adare, aou meun, héy te bailla lou richeuy, ce dit le heumne. T'i damore pa mé sounqu'uou' caouse a demanda!

Con aouout sounjat ugnaout tchic uncouére, Praoubéyre se tire de le potche uou' bieuille bousse de coueuy, oun n'aoué pa sououeun arjeun a méte, é que l'aprésénte aou boun Diou én diseuns :

— Que bourri qu'arreu de ço qu'i 'ntrera én 'queuste bousse én poudoussi pa sourti chét jou qu'én bailli l'orde.

— Que sra coum ic as désirat, ce dit lou boun Diou.

É que s'én anout. É le heumne couméncét a ha bruhéyre, é carca Praoubéyre de pouillades é d'énsurtes. Praoubéyre que le dichét crida, é se boutét a l'aoubratje, én hén' l'aoureuille chourde.

Aou cap de caouque' journs, un omi qui Praoubéyre n'aoué pa jamé bis s'aprésentét a soucasi detan qu'ére aou tribaill.

— Adiou, haou.

— Adiou.

— É que héys doun tu?

— Héh! que matchi, coum beuys.

— A! aco 's bieun. Escoute, que caou quém disis uou' caouse.

— Meus que le sabi, o.

— M'an rapourtat qu'aoués aouut, asquis désseus, caoucun a loutja a toucasi.

— T'an pa méntit.

— É qu'eus ço que t'a balut, aco?

— Ma foy, arreu, é n'éy pa réclamat arreu ta-paouc.

— Arreu! qu'eus tchic de caouse. Ébé, mou-nome, jou que suy lou diable, é sém bos prouméte ço quét baou demanda, quét haréy bi hort riche, hort riche. l'aoura pa digun mé urous é mé counténquetu.

— Quém ba. Mé, daouan tout, qu'eus ço quém demandes?

— T'ic baou dide. Èn déts ans, journ pér journ, que tournréy aci, é labeuts que sras a jou, quém carras ségui. Mé péndén' aquit' déts ans, tout l'ore é tout l'arjeun doun sabis désira que t'arribra hén lés potches aou moumeun méme; dap aco que biouras coum un ségnou, lous joueuills l'un sus l'aout, qu'aouras tout ço que puyra te ha plési ou émbeuye.

— Qu'apceupti, ce dit Praoubéyre.

É taléou coum aouout prounounçat aqueut mot, lou diable que désparéchout de daouan eut.

De 'queut journ aouan, Praoubéyre, qu'aoué arjeun a hindehande, aouout pa mé d'aout sounje sounque de se repara de 'out ço que s'ére bis din-qu'aqui. Se hiquét a ha boun téms é bére bite, é courre d'un plési a l'aout, chét se priba d'arreu, de modes gn'aoué pa un mé urous é mé ayse a bin légues a l'éntourn.

É con aouout biouut déts ans de 'queure sorte, un bét matin lou diable que li tourne pareuche daouan, é qu'oou dit, én passan' lou soula de le porte :

— Ébé, mounome, és prés? Qu'éy tinut le mi paraoule, que caou téne le tou. Qu'eus oueuy lou pit.

— O! ce dit Praoubéyre, quém déstrounques tan! É i pénséoui doun mé brigue! Mé, ém baill-lreus pa tu déts ans de mé, pr'ém ha sérbici? Que suy ta bieun partit a ha gandille, quém sreu désgriou, ma foy, d'arrésinna ta léou.

— Nou, nou! ce dit lou diable, anis pa roupiaga. L'ore qu'eus binude, ségui quém caou.

— Aném, ce dit Praoubéyre, pusqu'és ta résoulut, déche-meu seloumeun bouta 'n tchic d'orde aous mouns ahas, é que béni dap tu. Té, qu'as aqui 'n trubés, séyte-teu uou' paousote éndetan' que m'apreuilli.

É ll'aprésentét lou trubés, é lou diable s'i séytét déssus. Aou cap d'un tchic :

— Ébé, suy prés, ce dit Praoubéyre; se bos, que bam parti.

— Partim, ce dit lou diable.

É se boulout capsa. Mé se troubét tout suspreus, poudé pa mé magla dou soun séyti.

— Héh! ce dit, qu'eus doun aço adare? Èm puch pa déstaca de 'queut trubés!

— Qu'eus uncouére uou' caouse quériouse! ce dit Praoubéyre. Atén, quét baou bailla un tchic d'ajude.

Èn diseuns aco, que se gahe un gran paou bourrugat qu'i'aoué aqui darré le porte, que s'aproche dou diable, é se bout a li 'n bailla, é aou loun, é aou traoués, é de toute' lés féyçouns, a 'stincle de cos. É lou diable brama coum un buou, é demanda pérdoun é graci. Praoubéyre éscoutéoue p'arreu, bumpéoue coum un chourt : un truc atiné pa l'aout. Ce dit a le fin, con n'aouout pa mé leun :

— Sailliras pa de 'qui, hill de garce, sounque m'ayis proumetut dém dicha bioue èn pats péndén' déts ans uncouére, é dém bailla ore i' arjeun, aou moun souat, coum as héyt dinqu'aci.

— T'ic prouméti, t'ic prouméti, ce cridét lou diable, largue-me biste.

É Praoubéyre qu'oou baillét l'abiade.

Labeuts lou haou se tournét méte a bioue coum hadé dé-daouan : se bailléoue boun téms, tan coum poudé, jitéoue soun arjeun a can ia gat, é se troubéoue toutjamé lés potches aouta pleus un cop coum l'aout. De modes aquits aouts déts ans s'acabérén, coum lous pérmés; é, un journ, lou diable li tourne uncouére pareuche a le porte; mé aqueus cop n'ére pa mé souleut : qu'aoué uou' gran' coudrille de petit' diablots a le sigue. É que dit a Praoubéyre :

— Ébé, hoou grit, é i'ém? Oueuy, mounome, que m'éy miat ma' jéns; lou toun trubés m'én hara pa mé nade. Aném, haout! beuys lou camin?

— Heuh! ce dit Praoubéyre, ém baillreus pa doun tu dét' praoubes ans de mé? Que t'én coustreu ta tchic, ia jou que m'arranjreu ta bieun!

— Nou! nou! ce réspoun lou diable, tout bourredis, i'a pa a pérdiquéya, aouance-teu seloumeun. T'és prou lebértît, bé, hoou garignoou!

— Aném, ce dit Praoubéyre, pusque tan caou, déche-me méte un tchic d'orde aous mouns ahas, é qu'arribi. Éntértan, sébs aneuyèt, tu é toun mounde, puyat su' queut poumé, aqui daouan le porte, é atrapat-beus caouques poumes; soun pa machantes. É bés pribit pa; pusque m'én dioui ana, m'én carra pa mé, tan baou b'én aproufitit.

Lous diablots s'ic tournérèn pa ha dise; qu'arrusplén sou poumé, biste, biste, touts én cusse, i'aqui minja poumes, i'aqui minja poumes; dinqua tan lou gran diable, s'ére damourat én bas é qu'oous espiéoue-ha, que n'aouout guille tabé; que coumén-cét a dise :

— Sougat-me doun uou' de 'quires poumes, pér beude se soun bounes.

— Ho! ma foy, ce dichourén, héy coum nou-satis, mounome, bén t'én cūille s'én bos.

É lou diable qu'arrusple tabé su' l'aoubre, é se hique a atrapa poumes.

Qu'ére ço qu'atiné Praoubéyre. Chét dide arreu, se ba preune uou' gran' barre de hé bieun agudade qu'ére aqui toute préste, que le porte sous carbouns, é se bout a ha ana lou bouheut, dinqua qu'aouout héyt bi le punte toute rouye. É que s'aproche dou poumé. Con birén aco, lous diables que coumeun-cén a bouleu draba aou mé biste, mé se damourérén apitranglats su' l'aoubre, chét s'én poudeu déstaca. É Praoubéyre tchacs deci, tchacs dela, dap soun hé rouye, tchrrt! tchrrt! decap én 'quit' marrecus, é courre de l'un a l'aout chét lous dicha paous ni trébis : braméouén! ésmounéouén tout, coum bét' burlats qui érén.

— Ébé, mounome, é coum trobes lés poumes ? ce disé aou bieuill diable, én bét lou hourtchigans. T'és ouardat dou trubés, mé t'éy gahat toutun! Drabrat pa de 'qui, tu é toun mounde, sounque m'ayis proumetut dem dicha bioue en pats pendén' déts ans uncouére, é dem bailla ore i' arjeun tan coum ne bourréy, coum as héyt dinqu'adare.

— T'ic prouméti, t'ic prouméti, ç'oou cridét ou diable, tout chantat, déche-nés ana.

— Drabat doun, salouprisse, ce dit Praoubéyre, é hét-me luts un tchic biste, que pudét a cramat.

É diable é diablots que saoutérén de l'aoubre touts sourrebourre, é que s'én tournérén, pér le part d'oun érén binuts, én se routchan' lou cu.

Lou haou se tournét doun méte a bioue coum aoué héyt dinqu'aqui, urous coum l'arrat aou paillé; se bailléoue boun téms, mé hort que jamé, chét que le sou bousse s'én séntissi l'un cop mé que l'aout, é ço que boulé, qu'ic aoué. Mé aquit' déts ans que passérén uncouére, é 'n journ lou diable é tout un brüill de diablots que li tournén toumba deheun tout de cop, chét que n'aououssi bis un arriba pér-sou camin : gn'aoué dous grans, dous tchicoys, dous neugues, dous rouyes, tout qu'ére émpousouat de diables.

— Hoouhoou! ce dit Praoubéyre, arréssounqu'aco? Mé as pa dichat digun a toucasi, aqueuste ambrade?

— Nou, ce respoun lou diable, pramoun dap tu que héy bét s'asségura, baoupaouc lou qui és! Aném, coumeunce a bi.

— Oho! ce dit Praoubéyre, é aqueus cop, ma foy, ém sra pa de gréou dét ségui, percé, a bieun dise lou bray, quém suy héyt pramprou de boun san. Que partiram con bűillis..... Qu'eus ésgaou, toutun, bé, que m'at baillat uou' broy' pou, tu é ta' jéns, én me toumban' daouan, aqui tout de cop, chét dide bire, coum s'érét sourtits de debat térre! Mé, coum bés i'ét doun preus? Héh! se bés counéchi pa, me hareut juste creude qu'at mé de poudeu que lou boun Diou!

Ce dit lou diable, tout goudéhlat :

— N'am pa mé que Diou, mé que n'am aoutan. Que nés sanjém én ço que bolém, que heuntrém oun bolém, chét que nés beudin, pr'estreut que si lou crot.

— O! aco, ce hit Praoubéyre, én ségoutins lou cap, qu'eus boun a dise. Con lou boun Diou passét pér 'ci, l'aout cop, que m'assegurét que poudén, eut é sa' jéns, se ha ta tchicoys, ta tchicoys, sreun pa 'n carques de da touts amasse hén uou' quite bousse. Énta ne ha aoutan, bousatis, én ço queu bés carreut doun sanja?

— Puh! un bét aha! ce dit lou diable. S'i'aoüé p'arreu mé maouéysit!

— Qu'és un bantayre, ce dit Praoubéyre. Ém bourreus léou ha beude, tu, que puyreut ésta touts én 'queuste bousse-aci, ma foy?

Én diseuns aco, s'aoué tirat le bieuille bousse de coueuy de deheun le potche, é que le tiné toute aoubérte éntérmeuy lés mans. Tout de cop, pst! bala aquit' diables se dehounén touts én hum, é i 'ntra hum én 'queure boussé, é i 'ntra hum én 'queure bousse, vouh! vouh! n'i damourét pa lou meundre tchic dahore. É con tout i 'stout, lou diable que cridét :

— Ébé, i'ém, ou i'ém pa?

Mé lou haou, chét réspoune arreu, rap! que barre biste le bousse, que noude bieun lés ligues, que le porte su' l'énclumi : é se bout a truca aqui déssus, a cop' de martét, tan coum aoué balans. É aquit' diables plagne! É crits, é aouüquits, deheun aqueure bousse!

— Largue-neus! largue-neus! Que nés ésbugues!

Ére uou' gaougnérre hole! É tan mé arraoujéouén, tan mé lou haou bumpéoue, chét s'ésmaga d'arreu. Ce dit a le fin, con s'én éstout hartat :

— Québs aprimissi touts coum bét' denés, cascantaou le qui ét, sém proumétét pa que jamé ném tournrat pareuche daouan, é quém dichrat bioue én pats, tan coum me sabi boun, é coum me héssi plési.

— T'ic prouméti, t'ic prouméti, ce cridét lou diable; aoubris aqueure bousse.

Alabeuts, qu'ére arribat aqui oun ne boulé bi, Praoubéyre que désliguét le bousse, é lous diables que désgampérén, chét s'ic dicha manda, touts coudelicoude, én rougnans coum bét' porcs, é jamé désempus ne lous a tournat beude.

É aco que héy que Praoubéyre qu'eus toutjamé su' le térre.

Jou que boutéri lou pé su'ou' tapouéyre,
Que m'én tournéri a le Bouhéyre.

LE BIEUILLE

É LOUS TREUS BOULURES

Qu'r'aoué 'n cop uou' praoube bieuille que bioué toute soule én un petit méysoueut, a l'éstreum d'un cartié. Le brabe heumne, pér toute fourtune, n'aoué pa sounqu'un porc, mé aqueut porc qu'ére dous mé béts doun poudén beude, de modes que hit émbeuye én treus omis de pér 'qui proche, et aquits omis s'éntinourén é se dichourén éntr'its:

— Qu'i'a le bieuille qu'a 'n ta bét porc, bolét beude que ll'anim pana?

É, un bét désseu d'éscurade, que partén, tout' treus amasse, pér ha lou cop. Con éstourén léou proche de le sout:

— Daouan tout, ce dit un, caou sabeu ço que héy le bieuille. Damourat-bés aqui, que baou ana ha 'n tourn.

É que s'aproche, touchaou, qu'arribe aou pé de le porte. En espian' pér lou traouc dou flisqueut, que bit le bieuille aqui toute soule, que hiléoue aou cugn dou huc. Aqueure bieuille que hiléoue tout-jamé treus huséts pèr dèsseu, jamé mé, jamé meunj, qu'ére soun régle daouan s'èn ana 'ou leuyt; é s'aoué preus un beuts, que hadé un èstournedit cade cop doun aoué acabat un husét. Se troubét justemeun que paouséoue lou pèrmé ataou coum lou boulure arribéoue a le porte, é qu'èstournedit, èn diseun' tout haout :

— A ! boun ! de treus gn'a binut un !

Aqueut omi, suspreus ! Quérdout le bieuille que lou sabé aqui, que pleugue panét é ha biste, s'èn tourne, tout couyoun, trouba souns coumpagnouns.

— Aqueut èscarpét de bieuille, ce dit, énço qu'éri a 'spia pér lou traouc dou flisqueut, que s'eus hicade a dise : « Boun ! de treus gn'a binut un ! » Qu'eus sourciére, segu ; aou diable lou soun porc !

— Pouyruc ! ce dit ugnaout, lès aoureuilles t'ic an héyt, bala tout ço qu'i'a. Jou que baou ana beude.

É que part, pér lou méme camin. Ataou coum s'aprouchéoue de le porte, le bieuille, que biné

d'acaba ugnaout husét, qu'aouout daoun d'estour-
nedi pér lou segoun cop; con aouout éstournedit:

— Boun! ce dit, de treus gn'a binut dus!

É l'omi ha luts, coum aoué héyt lou pérmé, é s'én
tourna a galops ent'oun érén lous aouts.

— Qu'eus l'amne dou cos bray, ce dit, qu'eus
sourciére pourride! Suy pa mé léou éstat darré le
porte, que s'eus boutade a dise: « Boun! de treus
gn'a binut dus! » L'ase fouti s'i tourni.

Ce dit lou darré:

— Qu'ét mé pécs l'un que l'aout, ou quèbs énté-
nét pér m'ic ha creude. Que sabréy ço que n'eus.

É que part aou soun tourn.

— Bieuill éspihurc, cés peunse, sabréy jou s'és
sourciére ou nou, bé! Bam doun beude s'éndou-
bines tout ço que s'i passe aci.

É que s'atchole aqui sou crot, se bout a ha le
coueunte, aou redis de le porte.

Le hémnote, én bét hilan', s'aoué hicat uou'
poume a coye daouan lous tisouns, é s'abiséoue
justemeun que couméncéoue a tchérri é a jita lou
jus, se bout a dise:

— Cague, cague, pots caga, quét minjréy mérde
é tout.

L'omi, 'ntineuns aco, se luoue tout chantat; se

majinét qu'ére pr'a-d-eut que parléoue le bieuille, que s'arrecapte de caouque mode é s'escape coum se lou diable ére éstat aou darré d'eut.

— Aqueure garce de bieuille! ce dit én arribans aous aouts, m'éri boutat a ha le coueunte coustat le porte, que m'a cridat de deheun aouan : « Cague, cague, pots caga, quét minjréy mérde é tout. » Ani qui büilli se cüille lou soun porc, jou n'éy pa méy iréye.

É s'én tournérén, tout' treus, mé biste que n'érén binuts, é que dichérén lou porc de le bieuille aqui oun ére.

<blockquote>
Crousic-crousat,
Moun counde acabat.
</blockquote>

COUMPAY LOUÏSOUN
É LE MAY DOU BÉN

Qu'r'aoué 'n cop un omi, s'apréoue Louïsoun, ié 'ou' heumne, s'apréoue Marioulic, qu'érén maridats amasse. Qu'érén bieuills é chét méynatjes; praoubes, se doumande pa; tout ço qu'aouén a-d-its, dap lou soun méysoueut, qu'ére un petit casalot, sou daouan de le porte, é, én 'queut casalot, caouques prou béts aoubres, d'oun tiréouén un tchic de ruyte a le sèsoun, de queu ha caouques piaoucots, pér bioue, ta plan qui maou.

Pr'un seu de pluye é d'éscurade qu'i binout a ha uou' ta gran bénteune, jamé a jamé n'aouén bis uoue ataou. Que crouchit é que darriguét tout' lous ruytés de 'queut praoube mounde, ne dichét pa un pr'éscarni; de modes, con Louïsoun se bit aqueut èsglabi, lou matin, qu'aouout un gran chégrin; que dit a Marioulic :

— Adare, qu'ém roubinats! Caou que m'én ani trouba le May dou Bén, beléou quém baillra caoucarreu pér nés répara aqueure éntoume.

É, se preun un bét tros de pan aou cap dou paou, é se hique én camins, chét pérde téms. É biote qui biote, biote qui biote, toutjamé 'n aouan : a force d'ana, que fenit pr' arriba oun damouréoue le May dou Bén.

— Adiou, May dou Bén.

— Adiou, coumpay Louïsoun. É qu'eus doun ço que te miye aci?

— May dou Bén, qu'éy a me plagne dou toun hill. Aneuyt passade, que m'a darrigat é 'strouchat tout' lous aoubres dou moun casaou, qu'érén tout' grésilléns de ruyte : me n'a pa dichat nat! é qu'ére tout ço qu'aoui pér bioue. Adare, que suy a le biace, é quét béni trouba pér beude sém baillreus pa caoucarreu prém répara aqueut doumatje.

— Pusqu'eus ataou, mounome, as pa maou héyt de bi, ce dit le May dou Bén. Éy p'arreu a te bailla sounqu'uou' sérbieute, mé aqueure sérbieute, lou téchéné n'én héy pa coum aco, que t'ésbitra de tribailla tout lou réste de le tou bite. Sabis te le ouarda tan seloumeun.

É le bieuille s'én ba aou crofe, se preun uou' sèrbieute, é que l'apresénte aou Louïsoun, en diseuns :

— Con ayis émbeuye de minja ou de buoue, carras pa sounque l'esténe daouan tu, sis oun sis, én diseuns coum aço : « Pér le bértut de 'queuste sèrbieute, qu'arreu ne manqui su' le mi taoule. » Que sras sérbit soucop.

Louïsoun que prénout le sérbieute, qu'arremérciét dehét le May dou Bén, é que tournét parti, counténs coum un reuy.

É n'ana, é n'ana. Con éstout a méytat camin, coum couméncéoue a aoueu seut é hami, que déspleugue le sou sèrbieute, se l'estén daouan eut aqui pér térre, é que dit :

— Pér le bértut de 'queuste sèrbieute, qu'arreu ne manqui su' le mi taoule.

I'aouta léou, baqui le sérbieute caburade de pan, de bin, de harde, de queu harta dét' pérsounes.

— Boun ! cés peunse Louïsoun, le May dou Bén t'a p'afrountat. Decinla, que creuy, que bam poudeu dicha lou pan blous aous aouts é ha boumbance chét que n'én costi ouayre.

É se séytét aqui su' le prade, é se sèrbit a le sou iréye. Que minjét coum dus, buouout coum couate, é con s'aouout tirat lou bénte lugn de l'ésqui, que pleugue le sou sérbieute é se tourne méte én camins, én cantans a pleun cap.

Coum arribéoue aou bourc, lous de l'aoubérje, qu'érén sou pas de le porte, que l'aprérén de lugn aouan, é que li demandérén :

— Euntres pa 'n tchic, coumpay Louïsoun? Ébé, és countén dou toun biatje? Que t'a doun eure baillat le May dou Bén?

— Héh! ce dit-eut, que m'a baillat uou' sérbieute.

— Tout aco? ce dit le daoune de l'aoubérje, én s'éscargaillan' d'arride.

— O, tout aco, ce dit l'oumiot, én éntrans, é sreus bieun trop urouse de n'aoueu uoue ataou; de toute le tou bite carreus pa mé acasi ni pan, ni bin, ni aoute caouse pér receube toun mounde.

— Oba! ce dit le heumne. Muche, muche aco, pay Louïsoun.

Louïsoun, tout glourious, se tire le sérbieute de le potche, que l'éstén daouan eut su' le taoule, é que dit :

— Pér le bértut de 'queuste sérbieute, qu'arreu ne manqui su' le mi taoule.

É aouta léou baqui pan, é bin, é harde, de queu harta dét' persounes.

Lou méste é le daoune de l'aoubérje s'esmira-gléouén; én poudén pa rebi. Louïsoun, aboundous, qu'oous émbite a preune le sou part de tout ço qu'i'aoué aqui é se tourne méte eut-mémes a minja é a buoue. Mé a force de buoue, é bardaca, é dija prou 'stadit qu'ére, fenit pér s'adroumi aqui de cap su' le taoule. Le daoune de l'aoubérje, que héy-eure soucop? se preun aqueure serbieuté, que cou se l'estuya aou houn' dou cabineut, é que n'estén ugnaoute bieun pariéyre aou méme crot. De modes, con Louïsoun se dechudét, aou cap d'uou' paouse, se gahe aqueure serbieute, se le bout a le potche, é que s'én ba 'n chioulan', chét se doupta d'arreu. Pér le fin, qu'arribét a soucasi.

— És aqui, praoube omi? ce dit Marioulic. S'én ba léou ore que tournis! É as doun tu troubat le May dou Bén? T'a baillat caouquereu?

— A! heumne, ce réspoun Louïsoun, adare qu'ém prou riches! Decinla, c'éy ahide, que minjran lou boucin adoubat; nés carra pa mé tan chuda é tira l'arpégue pér gagna le noste bite. Espiye.

É qu'éstén le sou sérbieute daouan eut su' le taoule, é que dit :

— Pér le bértut de 'queuste sérbieute, qu'arreu ne manqui su' le mi taoule.

Mé le sérbieute se damourét nude, é baqui moun Louïsoun tout counfus. É Marioulic arride.

— Balé, ma foy, bieun le peune, ce dit, de passa treus ringlan' journs a bumpa lous camins pr'arriba 'ci dap un pérrac doun baou pa bin sos de boune mouneude ! Be caou que sis naou, praoube omi !

Louïsoun n'ére pa counténʼ; se gratéoue lou cap, é li prudioue pa brigue; sabé pa ço que réspoune. Se pensét n'aoué p'arreu de meuille é de mé court a ha que de tourna énço de le May dou Bén, é ta léou coum hit journs, l'andouman, se preun le sou sérbieute, é que tourne parti, pér lou méme camin. É da 'n aouan, én aouan, én aouan : de tan n'ana, qu'arribét aou cap.

— Queu ! ce dit le bieuille, con lou bit héntra, qu'és uncouére aqui, coumpay Louïsoun ?

— Coum beuys, May dou Bén. Que suy tournat aci énta quém baillis caouquereu a le place de 'queure sérbieute. Que lou diable bos qu'én héssi ? S'eus troubade chét bértut taléou coum suy éstat a noste !

— Que creuy bieun, ce réspoun le bieuille, qu'i gn'a 'n tchic mé que ne m'én dits, mé pér 'queus cop toutun éspiyréy pa de trop proche. Adare quét baou bailla un guit coum n'as pa bis sououen; aouras pa sounqu'a dise : « Guit, cague arjeun, » ou : « Guit, cague ore, » é que t'én hara, cade cop, de l'un émé de l'aout, tan coum ne büillis. Héy chaou, seloumeun, de t'oou dicha pana, soubén-teu de ço quét dic. É tournis pa mé aci.

É le May dou Bén s'én ba a le bouliére, é que tourne dap un guit, qu'oou baille à Louïsoun. L'omi l'arremérciét, li hit souns adichats, é s'én anout tout countén.

Arribat a méytat camin, qu'éstout quérious de beude se lou soun guit l'aoubéyireu é ço que sabé ha; que lou paouse pér térre, li hique soun bouneut debat le coude, é que dit :

— Guit, cague arjeun.

Prt! lou guit li cague un bét pilot d'arjeun.

— Guit, cague ore.

Prt! lou guit li cague un bét pilot d'ore.

— Boun! cés peunse Louïsoun, én se routchan' lés mans; aqueus cop, qu'éy le fourtune héyte! Qu'éy acabat de croumpa lou pan a le lioure!

É que s'oumplis lés potches de 'queut ore é de

'queut arjeun, se preun soun guit, é se tourne méte én camins, hardit coum un castagnayre.

Con arribét aou bourc, l'aoubérjiste é le sou heumne qu'érén sou pas de le porte, manquérén pa de l'apra, d'un gran tros lugn aouan, coum lou pérmé cop, é l'éngatja a 'ntra, én li demandan' ço que ll'aoué tournat bailla le May dou Bén.

— O! ce dit, adare qu'eus meuille uncouére; que m'a baillat un guit quém cague ore l'arjeun tan coum ne séy bouleu, éy pa sounqu'a manda.

— Oba! ce dichourén; héys ésprés, mahide? Bam beude, bam beude aco.

Louïsoun se hit p'apréga; l'omi, Diou mérci, qu'ayméoue prou a buoue un cop, é n'ére pa fachat, tapaouc, de mucha ço que sabé ha lou soun guit. Que heuntre, é que paouse lou guit su' le taoule, én dideuns :

— Guit, cague arjeun.

É lés péces d'arjeun biroula de tout éstreum, pérdéssus le taoule.

— Guit, cague ore.

É lés péces d'ore arriba pér lou méme camin.

Lou méste é le daoune de l'aoubérje qu'arrebouréouén : badéouén coum bét' gays, chét sabeu ço que dise. Louïsoun, fiére coum un omi, s'arrecapte

soun ore é soun arjeun, se séyte su' l'éscabéle é se
héy pourta uou' pinte. Arroun aqueure, ugnaoute;
arroun aqueure ugnaoute : de modes, pér le fin,
que tourne s'atchaoumi 'ncouére aqui sou cap de
le taoule, coum aoué héyt l'aout cop. Le daoune de
l'aoubérje atiné pa qu'aco; qu'aouout léou héyt de
s'agarba 'queut guit, de l'éstuya dap le sérbieute é
d'én bouta ugnaout bieun parié aou méme crot.
Pér Louïsoun, con aouout prou droumit se rébéil-
lét, se prénout lou guit doun ére daouan eut, é
s'én anout én cantourlans. Con éstout a soucasi :

— És aqui, praoube omi? ce dit Marioulic. É que
portes doun tu de broy é de bét? Le May dou
Bén, aqueus cop, t'aoura bieun baillat harde aou
meun' pér crante sos?

Ce dit Louïsoun, én hén' ringa lés potches, é 'n
sourtin' lés mans pleus d'éscuts é de loubidores :

— Èspiye un tchic se tout aço baou mé de crante
sos.

— Boudious! d'oun as-tu tirat tout aco? ce dit le
heumne, toute ésbayide.

— Que n'aouréy decinla tan coum ne bourréy,
é chét m'én beude ouayre, ce dit Louïsoun, tout
goudéhlat. Qu'eus aqueus guit-aci que m'én baille;
éy pa sounqu'a manda.

É que paouse lou guit aqui sou meuy de le taoule, é que dit :

— Guit, cague arjeun.

Arreu. Lou guit n'aoué pa tan seloumeun l'ért d'enténe.

— Guit, cague ore.

Aqueus cop lou guit te li héy un bét plat de mérde.

É Marioulic s'escargailla d'arride. É se mouca d'eut, mé hort que jamé.

— É o bissé! t'en sérp dou broy, arjeun! A! le broy' pleugue uncouére! Beuys bieun pourtan que pérts le siénce, praoube omi!

Louïsoun, tout hountous, bachéoue lou cap chét réspoune : qu'eus ço que poudé dide? Se pensét en eut-mémes :

— Le May dou Bén se héy bieun ésbats dou praoube mounde! Qu'eus ésgaou, caou que tournis uncouére ugnaout cop a soucasi. En sras pa jamé sounque pér lés camades.

L'andouman doun, aou pun dou journ, que tourne s'apréilla, s'arrecapte soun guit, é se bout lou camin debat lous pés. É n'ana, é n'ana, é n'ana : tan é tan, qu'arribét. Con s'oou tournét beude aqui, le May dou Bén coumencét a se gaha lou bruheut.

— Uncouére tu, coumpay Louïsoun? Que tournes bi marraoula? T'éy pa jou dit me dioués pa mé tourna pareuche daouan?

— Qu'ic séy, May dou Bén; mé que cali doun ha? Lou guit qu'a balut aoutan coum le sérbieute, qu'a ouardat le sou bértut tout jus dinqu'aou pas de le mi porte. Ço quèm bailles me sérp p'arréssounque am ha trufa de jou. M'èn harti, a le fin.

Ce dit le May dou Bén :

— Èscoute, mounome, qu'aymes un tchic trop a buoue, bala tout ço qu'i'a. Èm parles pa brigue d'uou' aoubérje oun t'adroms de cap su' le taoule tout cop doun t'èn tournes de 'ci : ébé, le sérbieute é lou guit qui t'éy baillat, que t'oous an cambiats aqui. Adare, qu'as aci uou' éscasse; qu'eus tout ço qu'aouras de mé; eus pa gran' caouse, se bos, mé én troubras pa tout' lou' journs uoue ataou, que sap hort bieun tribailla, coum bas beude.

É le May dou Bén s'èn ba cüille uou' éscasse qu'i'aoué aqui èn-d-un cugn darré lou cabineut, é que dit :

— Èscasse, héy toun joc.

Tchurp! aqueure éscasse que saoute su' Louïsoun : se me li bout a trucs, é cops, i'ambrades, su' l'ésqui, su' les umbes, pertout, ta tchic é ta hort, én bédé pa que brumes. Cridéoue coum un burlat :

— Tcha! tcha! quém bas ha tuoua! Apére-t'aqueut paou!

Le May dou Bén réspouné p'arreu; s'én arridé tout tourreum. Aou cap d'uou' paouse, con bit que lou poou ll'aoué léou prou préstit lés costes, que cridét :

— Éscasse, bén aci.

Plap! l'éscasse s'én tourne aou soun coustat.

— Té, ce dit le bieuille, én l'apréséntans a Louïsoun, adare que pots le preune, beléou quét sérbira. Quét calé uou' castigade, pér té bailla 'n tchic mé de cap.

Louïsoun que rougnéoue; ére pa countén brigue; se souptéoue pa de preune aqueure diable d'éscasse qui arranjéoue le jén de le sorte. Mé con aouout sounjat un tchic, l'omi s'arrebisét, que dichout que l'apcéptéoue; qu'arremérciét mémes hort le May dou Bén, é s'én tournét ana, én se routchan' l'ésqui.

Con éstout a l'indreut oun s'ére éstangat lous aouts cops, l'iréye li gahét d'éspruba aou soun tourn lou sabeu-ha de l'éscasse, é que dichout :

— Éscasse, héy toun joc.

É aouta léou lou paou que part aou traoués dous

aoubres, é trucs, é cops, é bums, a dreut ia gaouch, coum un hoou : lous cims de lés palanques boun-léouén én l'ért a toute part!

— Boun! cés peunse Louïsoun, le May dou Bén qu'aoué résoun, que creuy bieun aço quém puyra sérbi én caouquereu, é daouan ouayre.

É que hit bi l'éscasse aou soun coustat, é se tournét méte én camins, chét pérde tems. Coum arribéoue aou bourc, lous de l'aoubérje, qu'oou ouardéouén, l'aprérén de ta lugn coum lou birén, pér sabeu caou présén uncouére ll'aoué héyt le May dou Bén.

— Heuh! ce dit-eut, que m'a baillat aqueus tros de paou qui éy aci; séy pa ço que lou diable boou qu'én héssi! Si, de bray, n'aouréy toutjamé pér castiga lés machantes jéns é lous boulures se s'én i trobe sou moun camin : que truque tout sous, éy pa sounqu'a manda. É ta plan, se bolét beude.....
— Éscasse, héy toun joc.

Lou paou que part, que saoute sous umbes de 'queut mounde : é truca, é bumpa coum un chourt, é pim! é pam! su' l'un é su' l'aout : l'ésqui lés-i 'n huméoue! Cridéouén biahore, demandéouén pérdoun é graci : Louïsoun éscoutéoue p'arreu, lous trucs n'anéouén d'abiade. Aou cap d'uou' paouse,

14

con lou paou s'éstout bieun lebértit aou soun déspeuns, que bedé n'én poudén pa léou mé :

— Misrablaills! ce dit, le mi sérbieute é lou moun guit que soun aci, que me lous at panats! M'oous bat tourna soupit, ou québs héssi amata tout 'dus aqui sou crot.

— Quét tournram tout, quét tournram tout, ce cridérén, méytat morts l'un é l'aout, héy-neus dicha.

— Escasse, bén aci, ce dit Louïsoun.

É con ll'aououren tout tournat, ço qu'éstout héyt bieun biste, que se bire de cu, chét dide gramécis, é se gahe lou camin, decap énta soucasi.

— Ébé, praoube omi, és pa léou hart de courre! ç'oou dichout Marioulic taléou coum paréchout sou soula de le porte. Que t'a doun aproufitat aqueut aout biatje? Eus aqueus cop, majini, que bam beude ço de mé quérious.

— Puyreu bieun ésta; éspiye, ce dit Louïsoun, én li muchan' l'éscasse.

— Queu! aqueut tros de paou? ce dit le heumne, én se tournan' méte a-d-arride?

— Escoute, Marioulic, eus pa gran' caouse, qu'eus bray, mé que puyreu bieun sérbi toutun mé sououeun que n'as ahide. Bos beude un tchic?....

— Escasse, héy toun joc.

É bala lou paou én danse. É trucs, é cops, é bums, su' l'ésqui de Marioulic, d'un cap, de l'aout, arreu mé broy : ta tchic é ta hort que courré a tout éstreum én cridan' coum uou' hole.

— Ébé! qu'én dits? ce li demandét Louïsoun, aou cap d'un tchic, én tournans apra l'éscasse.

Marioulic, toute éschaoubrade, neugue de malice, se hiquét detire a lou carca d'énsurtes. Eut, chét réspoune arreu, se tire le sérbieute de le potche, que l'éstén daouan eut aqui su' le taoule, é que dit :

— Pér le bértut de le mi sérbieute, qu'arreu ne manqui su' le mi taoule.

É baqui pan, bin, harde, mé que n'aoureu calut pér harta dét' pérsounes.

Qui ére éstounade? qu'ére le Marioulic. Con bit aco, que s'amouéyrit bieun biste, é se hit p'aprega pér se méte én taoule dap Louïsoun : jamé de le sou bite n'aoué héyt un riboy ataou. Con aouourén tout' dus bieun minjat é buouut, Louïsoun se luoue, s'én ba cérca soun guit, é qu'oou paouse su' le taoule, én diseuns :

— Guit, cague arjeun..... Guit, cague ore.

É aqui arjeun, é aqui ore : jamé Marioulic n'aoué tan bis én un cop.

— Ma fins, mounome, ce dit à Louïsoun, caou coumbi, aprés tout, n'és pa mé péc qu'ugnaout. Gracis a tu, adare, qu'am lou nos pan gagnat; que puyram éscouta plaoue é nés mouca dou maou béstit.

É se preun lou guit é le sérbieute, é s'én ba barra tout a double tourn aou cabineut. Pér l'éscasse, Louïsoun se le saoubét pr'a-d-eut tout sous, pér s'én sérbi con n'aououssi besougn.

Labeuts, a force de tira ore i' arjeun de soun guit, Louïsoun é Marioulic qu'érén binuts hort riches, hort riches, én hort tchic de téms, é s'aouén héyt basti 'n castét ta gran é ta bét, n'aouén pa jamé bis un parié. Coum lous aouén counéchuts dinqu'aqui hort praoubes, le jén qu'érén hort éstounats, é manquét pa de jélous pér tchapilla é ha courre toute éspéce de machan' bruyts sou soun counde. De modes, un bét matin, baqui lou jutje é lous archés qu'oous toumbén deheun tout de cop, chét dise adichats, é que lés-i mandén d'ésplica soupit d'oun lés-i' ére binut l'arjeun qui aouén calut pér se ha basti un castét ataou.

— S'i'a pa qu'aco, que bés counténtréy adayse, ce dit lou Louïsoun.

É, que sabé aou jus coum aquits aoutchéts se

gahén, qu'oous embitét a dina dap eut, èn proumeteuns d'oous dide aprés ço que boulén couneuche, pusque tan i tinén. Con éstourén pér se bouta 'n taoule, lou jujte é lous archés, séntiouén pa nat aram de cousine, é bedén p'arreu de sérbit ni d'apréillat énloc, quérdourén que s'érén moucat d'its, couméncéouén a ha lou pot é a 'spia de maou oueuill, mé 'nta bénléou lou Louïsoun s'aproche, que déspleugue le sou sérbieute, é que l'éstén daouan its su' le taoule én diseuns :

— Pér le bértut de 'queuste sérbieute, qu'arreu ne manqui su' le mi taoule.

É aouta léou baqui pan, é bin, é harde, de queu harta dét' pérsounes, tout ço que poudén demanda de mé boun. Aqueut mounde, ésmiraglats ! Aoubríouén un pa de oueuills grans coum lou pugn : ço qu'oous émpatchét pa de se bouta detire a minja é a buoue, é preune le sou boune part de tout ço qu'i'aoué aqui. Con éstourén sadouts, Louïsoun que se luoue, s'én ba aou cabineut cüille soun guit, é que lou paouse aqui sou meuy de le taouaille, én diseuns :

— Guit, cague arjeun..... Guit, cague ore.

É lés péces d'ore é d'arjeun ringa de tout éstreum pér-su' le taoule.

— Adare, ce dit Louïsoun, qu'én sabét aoutan coum jou. Baqui d'oun éy tirat tout ço que m'i'a calut pér ha basti moun castét. Éy p'aouut hort de peune, coum beudét.

Qu'aoué a dise lou jutje? arreu, é dichout p'arreu tapaouc. Bantérén hort lou guit, eut é soun mounde, é se hiquérén a buoue, pér capténe Louïsoun. Mé 'nta toutare, a force de béssa é de buoue, l'oumiot que s'atupit sou cap de le taoule, coum hadé d'abitude. Con birén aco, lou jutje é lous archés que coumeuncén a dise entr'its, tout touchaou :

— Lou nos omi que drom! Se nés pourtéouén lou guit é le sérbieute?

Mé coum s'apréilléouén a parti, aprés s'aoueu 'stuyat tout debat lous mantes, Louïsoun se rebeuille. Que coumprenout d'un cop de oueuill ço que s'ére passat; ce dit aou jutje, chét ha 'n sémblan' d'arreu :

— Héy moussu jutje, n'at pa 'ncouére tout bis; atineut, bés buy mucha ço de mé quérious.

— Aouance-teu, ce dit l'aout, qu'am prou taouléyat; ném bolém ana.

— O! sra pa loun, ce respoun Louïsoun..... — Éscasse, héy toun joc.

É que gahe le porte, biste, qu'oous claoue aqui

deheun. É l'éscasse s'i ha; trucs aci, cops ala, su'
l'un, su' l'aout, chét paous ni trébis, a tout éstreum :
lés-i hadé sapa lou coueuy! É its crida, é apra a
l'ajude! Braméouén coum béres mitres!

— Coumpay Louïsoun! coumpay Louïsoun! s'én
anéoue lou jutje, té lou toun guit é le tou sérbieute,
héy-neus dicha.

S'ésganurréoue! Con bit, a le fin, qu'aquit' gar-
nimeuns qu'aouén bénléou soun counde, Louïsoun
que désclaoue le porte, s'arrecapte lou guit é le
sérbieute, é que dit :

— Éscasse, truque mé hort.

É, énço que désgampéouén, aqueut paou s'arre-
doubla, é courre aou darré d'its : matchéoue coum
un chourt! hadé bounla aquit' capéts én l'ért a
toute part, qu'ére un plési!

É lou jutje é lous archés s'én tournérén doun a
soucasi, tout' hountous é lou cap bachat, én juran'
bieun que jamé n'oous gahreu mé l'iréye de bi
cérca de rouilles a coumpay Louïsoun.

   Jou que boutéri lou pé su' ou' tapouéyre,
   Que m'én tournéri a le Bouhéyre.

LOU BOUN DIOU É LOU DIABLE

U̇n cop, lou boun Diou é lou diable s'aouén tirat un tros de térre pér s'oou ha 'na a mieuyes. Én 'queut tros de térre, lou boun Diou que semiét dabort arrabes. Lés arrabes que sourtirén é que binourén a bén, é con éstourén darriguedeuyres, lou boun Diou que dichout aou diable:

— S'én ba téms, daraouan, d'amassa noste recorde. Pér n'aoueu pa bareuilles, barreu beléou aoutan partatjéssim pr'aouance; l'un se preuyreu ço qu'eus debat le térre, l'aout ço qu'eus a-d-énsus. Pér jou, quét dichréy chaousi.

— Quém ba, ce réspoun lou diable. Qué preuni ço qu'eus a-d-énsus.

É se hique a dailla le sou hüille d'arrabe, se le porte énta soucasi: abandounét tout' lous caps aou boun Diou.

Bieun. — Con estout l'ore, tournérén se méte a-d-apréilla le térre, é lou boun Diou que le hiquét én blat. Lou blat que sourtit é que binout a bén, é con estout madu, lou boun Diou que dit aou diable :

— Ço qu'am semiat qu'eus amassedeuy. Se bos, que tournram ha coum am héyt dija, l'un qu'aoura ço qu'eus debat le térre, é l'aout ço qu'eus a-d-énsus.

— Oho, ta plan, ce dit lou diable. Seloumeun, ço qu'aououri pér jou l'aout cop me sérbit pa 'n-d-arreu qui bali, me tournras pa gaha. Que preuni ço qu'eus debat le térre.

— Coum büillis, mounome, ce dit lou boun Diou. Baou m'amassa ço qu'eus déssus.

É se seguét lou blat, é se l'éngarbét. Con aouout héyt, lou diable se hique a darriga souns trouch', mé con bit ço que se miéoue, m'oou baqui maou coum un omi.

— La! ce dit, éspiye doun! m'as calut afrounta 'ncouére! Suy hart de tout aço, qu'arrésinni le térre. Buy pa mé 'sta 'n gasailles dap tu.

— T'éy p'afrountat brigue, ce dit lou boun Diou, qu'és tu qu'as chaousit. Quét creuys hort rouat, é qu'és un gran liboy, baqui tout ço qu'i'a. É de bétout, se bos, que podém sabeu aou jus caou eus lou méy abinle: que nés bam méte a ha seungles moulins a bén, é que sra aou qui bastira lou mé gran é lou mé bét, é aou qui aoura acabat én mé tchic de téms.

— Ba pr'un moulin, ce dit lou diable. Aqueus cop, que bam beude.

É se gahe a basti, chét pérde téms. É s'aouança, é s'i ha: lou boun Diou n'aoué pas 'ncouére boutat le man a l'obre, eut qu'aoué bénléou acabat soun moulin, un moulin a bén tout én péyre, ta gran é ta bét, jamé a jamé n'aouén bis un ataou. É, que couméncéoue a se banta, é a ha le glori, én quérdeun' bounemeun qu'aoué bét joc un cop! Mé bala lou boun Diou que hit bira lou téms aou reut; i' arribét tout de cop de gran' tourrades, de modes, un matin, lou diable troubét soun bart tout arrouscat, é que calout arrésinna de basti ataou coum s'apréiléoue a paousa lés darréyres péyres. Alabeuts lou boun Diou se gahét aou tribaill. Aou loc de péyres, se preun de gran' taillucs d'arraille, s'oous porte su 'n tuc, én aouan su' le lane, é que bastis aqui, én un birat de man, un bét moulin a bén, tout én arraille. Puy que mande aou bén de bise de bouha pér hourbia lés nubles, é lou sou que coumeunce a-d-arraya su 'queut moulin d'arraille, é aqueut moulin lusi, é lusi, sou meuy de le lane, coum un gran miraill : qu'ére le mé broye é bére caouse qui jamé s'estoussi biste.

Alabeuts lou boun Diou s'én ba trouba lou diable, pér li doumanda se lou soun moulin ére acabat.

— Heuh! ce dit lou diable, qu'én sreu qu'a bére paouse se n'ére de 'quires broys tourrades, qu'a calut qu'arribéssin pr'em ha arrousca moun bart é m'émpatcha de basti. Mé, beuys, tout doy s'ï manque uncouére dus ou treus péyres.

— Ébé, mounome, qu'as perdut, ce dit lou boun Diou, lou moun qu'eus prés a mole.

— Lou toun? Äoun l'as, lou toun? L'éy pa 'ncouére sabut beude énloc!

— As pa bieun éspiat. Beuys p'aqueut tchac, laheun, que lusis aou sou-array? qu'eus lou moun moulin.

— Aco, un moulin? N'a 'n broy ért! N'ic creuy p'ataou, caou ana beude.

— Aném-yi, ce dit lou boun Diou.

É que partén, tout' dus amasse, pr'ana beude lou moulin.

Con i 'stourén, lou diable qu'aoubrioue de gran' oueuills. Lou boun Diou li hit besita tout, de loun én larje é de haout én bas, é, én li muchans aço i'aco, que didé :

— Ébé, qu'eus ço qu'én peunses? Me seumble i manque p'arreu. É lou moun moulin, aou meun, que se désleuy de lugn, ço que lou toun, éspiye, én beudém pa mé tchic ni mic.

Lou diable se damouréoue aqui a 'spia, tout abayat. Sabé pa ço que dise.

— Qu'as? ce dit lou boun Diou; réspouns p'arreu! Moun moulin, d'éscadénce, te hareu p'aou meun émbeuye? Se tan t'apague, que haram troques, que haréy dap lou toun. Un cop, pér jou, n'aouréy ugnaout ataou con me béni pr'iréye.

Lou diable s'ic tournét pa ha dide. Se pénsét qu'aqueus cop lou boun Diou hadé dou péc, que réspoun :

— Ébé, qu'eus dit, jou quém saoubi aqueus, que t'abandouni l'aout.

É bala lou marcat héyt, é lou diable se troubét méste dou bét moulin d'arraille.

Boun. — Detire, tout qu'anout bieun. Un journ, dus journs se passén; lou diable s'én poudé pa cara d'aoueu héyt un aha ataou, magléoue pa dou soun moulin. Mé, ént 'anlore, lous érts tournérén bira; lou téms s'adoucit tout biste, é lou moulin d'arraille se bout a dehoune; èn dehouneuns que coumeunce a classi é se désclicouta. É lou diable, tout èncouèntat! Courré d'un éstreum a l'aout, chudéoue san é aygue pèr ha téne lous tros amasse; mé, tan mé i touquéoue, tan mé l'èsbournaquéoue: pèr le fin tout se désbartanis èn un cop, é barrabum! lou bét moulin d'arraille pèr térre. Aprés aco, tout' lous tros s'èn anourèn èn aygue, é li damourét p'arreu, sounque lou crot tout peleut.

Lou diable se troubét doun gahat aqueut aout cop uncouére, é lou boun Diou qu'aouout un boun moulin de péyre, pèr mole lou soun blat.

Crousic-crousat,
Moun counde acabat.

LE PEUILLE ARRÈCASTADE

Qu'r'aoué 'n cop un omi é 'ou' heumne qu'aouén uou méynade. Qu'érèn praoubes! poudén pa n'èsta mé. Le may que binout a mouri, é lou pay, n'aoué pa tribaill prou pèr se ouarda le done dap eut, se bit fourçat de l'èmbia a s'amassa lou pan. Un journ, qu'arribe daouan uou' porte.

— Le charitat, si bou plét, pèr l'amo de Diou.

— Tu, méynade, ce dit le daoune, ta grane é ta ouaillarde, que t'amasses lou pan?

— O! pardi, pèr force, la! Mama qu'eus morte, é papa se beuy p'aoubratje pèr jou a noste, qu'éy bieun calut parti.

— Ébé, nousatis qu'am daoun d'uou' gouye, se bos damoura 'ci, é bieun tribailla, que te preuyram dap nous.

— O! dap plèsi, ce dit le done. Que damourréy, bé!

É se damourét én 'queure méysoun. É qu'ére balénte, que se tiné bieun, s'én coumbinén hort. É coum le praoube done ére toute nude, le daoune que li croumpét uou' peuille, pr'aouance sou gatje doun ll'aoué proumetut.

Mé, caouque' journs aprés, le done que bén a toumba malaoude. É malaoude; é malaoude. A le fin, que mourit. Con éstout morte, le daoune, couméncét a li ha doou le peuille doun ll'aoué croumpade :

— Aqueure done qu'eus morte ! É adare qu'éy aqui le peuille ! É se l'a pa trop gagnade !

É ci, é la; toutjamé que rougnéoue. S'én fenioue pa !

L'antredouman, uou' gouyate que s'apresénte a le porte.

— Aoureut p'aou meun daoun d'uou' gouye, én 'queuste méysoun, si bou plét ? Me hareut bieun sérbici, se poudét m'aoucupa.

— Si, justemeun, méynade, que toumbes bieun ; n'aouém uoue, que bén de mouri, quét preuyram a le sou place. É se sembléoue bieun a tu ! Que direun qu'és eure !

É aqueure gouyate se damourét doun dap aqueut mounde. Que hadé hort bieun lou soun aha, qu'ére hort le qui caou, que l'éyméouén hort. Ço qu'oous poudé, le bedén pa jamé minja ni buoue, ni aou repéych ni aoutemeun. É tout désseu, con s'én anéouén aou leuyt, se boutéoue én-a-joueuilles aou pé dou huc, é se damouréoue aqui a préga Diou. É, én 'queure méysoun, qu'i'aoué 'n béyleut: s'ére abisat que lou boy doun éscailléoue lou seu, gn'aoué pa mé ouayre brigue lou matin, que boulout sabeu aco ço que boulé dise. Un désseu, que hit én sémblans de s'én ana droumi é se damourét a ouayta pr'un traouc qu'i'aoué a le porte de le crampe. Con éstourén touts aou leuyt, sounque le done, que ba le beude s'ana cüille un bét brassat de boy é s'abita un bét huc : aprés, que se déspeuille é que coumeunce a se méte a saouta d'uou' part a l'aoute dou huc, bieun pér-sou meuy dou flam, é toutjamé ataou, toutjamé ataou, chét s'ésta, chét de ha un plagnit, é dinqua tan qu'éstout tout éstupat : hadé samsi d'ic beude. L'andouman, lou gouyat qu'apére le daoune a part :

— Sabét pa, daoune?
— Nou. É queu?
— O! se sabét ço qu'éy bis asseu!

É li racountét tout, coum aoué troubat lou boy de manque, coum aoué ouaytat le gouye, é ço que l'aoué biste ha. Aqueure heumne, estounade!

— Quém dits-tu aqui, drole!

S'én ba soucop trouba le gouye, li dit ço que ll'aoué rapourtat lou béyleut : li demandét s'ére bray, é percé hadé ataou.

— O, qu'eus bray, ce dit le done. Aco, qu'eus le mi péniténci. Sabèt qu'at aouut uou' gouye qu'eus morte aci? Ébé, que suy jou. Que m'aouét croumpat uou' peuille, é desémpus que b'én a héyt doou, que me l'at reprouchade, én diseuns me l'aoui pa gagnade : pramoun de 'co qu'éy calut tourna sus térre, é dinqua tan m'éyit dit que m'éy gagnat le peuille, que carréy damoura 'ci é countuna aqueure péniténci, chét poudéu héntra aou Paradis.

— O ! praoube méynade ! ce li réspounout le daoune, pérdoune-meu ço qu'éy dit ! Que te l'as gagnade, é bieun gagnade, le peuille ! Que puyras t'én ana con büillis; pér jou, jamé mé ne t'arrecastréy arreu.

Taléou qu'aouout dit aco, le gouyate que désparechout de daouan eure.

LOU PIFRAYRE

Qu'i'aoué 'n cop un gouyat qu'ére abinle én hort de caouses. Qu'ére, susquetout, hort boun sounayre : n'aoué pa soun parioun pér ha térni lou pifre; é coum anéoue sououeun ha dansa, tantos d'un éstreum, tantos de l'aout, pér s'amassa caouques piaoucs, qu'ére binut pér le fin l'apréouèn pa mé sounque lou Pifrayre. Un journ, s'én tournéoue d'uou' assémblade, én passan' sou bort de l'arribéyre se ba beude aou' souns pés un gran broucheut éstinut aqui sou sable, tout bouque-ubért : sémbléoue dija méytat mort.

— Adiou, Pifrayre, ce dit lou peuch.
— Adiou, broucheut, ce dit l'aout.
— Èm bourreus pa ha 'n sérbici ?
— Pérqueu pa, se puch ?

— Toutare, èn saoutans, que suy toumbat èn hore de l'arribéyre, é que baou pri aci, qu'ic beuys, se béns pa a le mi ajude. Tourne-meu hèn l'aygue, t'èn prégui : se jamé aou toun tourn te trobes èn lès coueuntes, que haréy, joù tabé, tout ço que puyréy pèr tu.

— Héh! que bos-tu jamé poudeu ha pèr jou! ce dit lou gouyat èn arrideuns.

— Sabèn pa! ce dit lou broucheut.

Lou Pifrayre qu'amassét lou peuch, que lou pourtét hèn l'aygue, é se tournét preune soun camin, s'èn anout èn chioulans. Un tros mé 'n aouan, que ba 'nténe uncouére ugnaoute buts aou coustat d'eut :

— Adiou, Pifrayre.

Lou gouyat qu'éspiye aou' souns pés, a l'indreut d'oun biné aqueure buts. Que fenit pèr beude sou sable un arroumic blassat; semblèoue èn poudoussi pa mé, tout doy se se trajéoue.

— Adiou, arroumic, ce dit.

— Quèt bourri doumanda 'n sèrbici.

— Dit toutjamé, que beuyréy ço que puch ha.

— Quèm suy blassat, puch pa mé n'ana, que baou mouri aci, segu, s'as pa pieutat de jou. T'èn prégui, porte-meu a l'arroumiguéyre : se te trobes un joürn aoueu tabé daoun d'ajude, quèm soubiréy de ço qu'aouras héyt pér jou.

— Que bos-tu jamé que pusqui m'atène de tu, praoube béstiote!

— Sabén de bét! ce dit l'arroumic.

Lou Pifrayre s'oou preun, coum aoué héyt aou peuch, que lou ba pourta a l'arroumiguéyre, qu'ére un tros lugn de 'qui. É se tournét méte a marcha, é n'i pensét pa mé. Un tchic mé 'n aouan, uou' abeuille se troubét tabé sou soun camin.

— Adiou, Pifrayre.
— Adiou, abeuille.
— Èm bourreus-tu ha 'n sérbici?
— Pérqueu pa, s'i'a mouyén?
— Que béni de m'ésquissa uou' ale, puch pa mé boula : èn graci, porte-m'aou caoune, m'abandounis p'aci; beléou un journ ou l'aout que t'arreparréy aco.

— Héh! praoube harde, con mémes bourreus, que puyreus-tu jamé ha pér digun?

— Qui sap! ce dit l'abeuille.

Lou Pifrayre s'abachét, l'amassét bieun dap souégn, é l'anout pourta a l'abéillé, qu'ére aqui aou coustat. É se tournét méte èn camins, qu'arribét a soucasi.

Aqueut gouyat qu'ére tan adreut, tan adreut, é que russioue toutjamé ta bieun én souns ahas, que gn'aoué que didén qu'i'aoué mé ou meunj aqui debat, é que calé qu'éstéssi un tchic majicién, segu : é coum doun aoutemeun ? que biné 'n cap de tout ço que li prené fantesi de ha! Baqui ço que didén. De modes; aou meun, lou reuy que fenit pr'aoueu hum de tout aco, é 'n journ qu'oou hit assabeu qu'aououssi a lou bi trouba soucop a soucasi pr'un aha, é n'i manquéssi pa.

Aqueut orde qu'éstounét hort lou Pifrayre; qu'aoué bieun pou n'éstoussi p'árreu de boun, mé que ha, con lou reuy parle, arréssounqu'aoubéyi? Que partit doun, chét triga, é con éstout arribat aou castét dou reuy, aqueus que li dichout :

— Que m'an assegurat qu'aoués un hort gran poudeu, é que binés én cap de tout ço quét prené l'iréye de ha; adare que buy sabeu ço que n'eus. Beuys aqueuste claou? qu'eus le dou moun trésore, Que le baou souga hén l'arribéyre, é que caou qu'éntérci uou' ore que me l'ayis tournade pourta 'ci. Se l'éy pa 'ntérci uou' ore, quét héssi pénde.

Én diseuns aco, lou reuy se luoue, que s'aproche de le frinéste, é que sogue le claou aou dreut aou meuy de l'Adou, que passéoue proche de 'qui.

— Suy pérdut, cés peunse lou Pifrayre, digun aou mounde troubreu pa mé aqueure claou!

É que s'én ba, tout tris é cap bachat, se bout a se passéya, de loun de l'arribéyre, chét sabeu ço que ha. Qu'aoué bét sounja é se crusa lou cérbét, lou praoube gouyat bedé pa nat mouyén de se saouba le bite. En bét se passéyan', se ba beude tout de cop un grar broucheut que hadé héne l'aygue én bineun' decap a-d-eut, é con éstout proche dou bort, aqueut broucheut se bout a dise :

— Qu'as doun tu oueuy, hoou Pifrayre? És pa 'smérit, cém seumble.

— Que bos qu'ayi? ce dit l'aout; podén pa tapaouc toutjamé arride.

— Que héys ta lé, eus pa pr'arreu. Que buy sabeu ço quét térmeunte.

— Se tan i téns, t'ic puch bieun dise, i hara pa ni mé ni meunj. Lou reuy que m'a héyt apra ; qu'a sougat le claou dou soun trésore aou meuy de l'Adou, é que m'a dit que s'énterci uou' ore ll'aoui pa tournat pourta aqueure claou, quém hadé pénde. Beuys sém puch réjououi.

— S'i'a pa qu'aco, ce dit lou broucheut, te héssis pa machan san, quét puch tira de coueuntes. Te soubéns con me troubéres méytat mort sou bort de l'arribéyre, é quét préguéri dém tourna deheun l'aygue? Qu'ic hires, é quém saoubéres le bite. Jou, oueuy, qu'én haréy aoutan pér tu.

Taléou aco dit, lou broucheut s'arrebire, que plounje aou houns de l'aygue, é aou cap d'uou' paouse que tourne pareuche é qu'arribe proche dou bort, dap le claou éntérmeuy lés déns.

Aqueut gouyat, counténl Tout l'ore dou mounde ll'aoureu pa héyt mé de plési. Que preun aqueure claou, én arremércian' bieun lou peuch, é que cou l'apréssenta aou reuy, chét pérde téms.

— Qu'eus hort bieun, ç'oou réspoun lou reuy, i'a p'arreu a dide; que beuy n'és pa lou pec; mé n'as p'acabat uncouére. Adare, que baou ha 'spareuye un sac de payins deheun lou bos, aou barreuy dous broustés, é s'éntérci uou' ore n'as pa tournat amassa tout aqueut payins, chét qu'i'ayi tan seloumeun un gran a dide, i'a pa que le pouténce pér tu.

Puy lou reuy qu'apére lou soun béyleut, qu'oou mande de preune un sac de payins én haout aou gré, é d'ana 'spareuye aqueut payins hén lou bos, bieun aou barreuy de le huste, ço qu'éstout héyt chét triga.

Baqui doun lou Pifrayre tout chégrinat uncouére.

— Lou reuy que boou le mi mort, cés pénséoue, aqueus cop m'én tirréy pa. Qui bireu 'n cap de 'co?

É s'én anout decap ént'aou bos, é se séytét su 'n trouc, lou teun éntér lés mans, tout désoulat dou soun malure. Coum éré aqui a sounja, lous oueuills decap a térre, se ba abisa d'un arroumic qu'ére éstangat daouan eut, sémbléoue que l'éspiéssi, é aqueut arroumic se hique a dise:

— Héys bieun lé, oueuy, Pifrayre! Puyri sabeu ço que s'i passe?

— Que bos que s'i passi? ce dit lou gouyat. É daillous, con caouque peune aouri, queu 'm sérbireu de te le dide?

— Beléou mé que n'as ahide. Apreun-meu ço qu'i'a seloumeun.

— Pusque tan i téns, que t'ic baou dide. Lou reuy qu'a héyt éspareuye un sac de payins hén lou bos, aou barreuy de le huste, én me diseuns que s'én uou' ore de 'ci n'aoui pa tournat amassa tout aqueut payins, tan coum gn'a, dinqu'aou darré gran, quém hareu pénde. Que beuy bieun qu'éy acabat de bioue.

— Eus aqui tout? ce dit l'arroumic. Ébé, mounome, déche aqui toun tristé, quét puch sourti d'ahas. Te soubéns un journ qu'aououri daoun de tu? Qu'éri blassat, poudi pa mé n'ana, quém pourtéres a l'arroumiguéyre. Chét de tu que sri mort, n'ic éy pa désoublidat, é adare, aou moun tourn, jou quèt saoubréy le bite.

Taléou aco dit, que désparèchout de daouan eut, é con tournét, aou cap d'uou' paouse, qu'aoué dedarré eut toute l'arroumiguéyre, é aquits arroumics que coumeuncén a s'éspareuye capbat l'ahourés, é se hiquén a-d-amassa payins, é amassa payins : de modes lou gouyat n'aouout pa qu'a 'spia ha é se crousa lous bras, én un bire-coudic tout qu'éstout amassat, chét qu'i'aououssi tan seloumeun un quite gran a dise. É con lou reuy binout pér beude, qu'éstout uncouére bieun suspreus de trouba tout héyt coum ic aoué mandat. Ce dit aou Pifrayre :

— Qu'eus bieun, mounome, qu'eus mémes hort bieun, qu'as lou diable éntér l'un oueuill é l'aout, te bantén pa brigue a faous; seloumeun, n'és pa quitis uncouére. Adare, baci, qu'éy treus hilles, toute' lés treus hort broyes; que se seumblén tan éntr'ires, désgays se me lés puch recouneuche jou-mémes, é qu'i gu'a uoue qu'eus amourouse de tu. Douman, que lés éyréy mia a le ségnte taoule, é con sin hén le glise, que carra quém sabis dise, daouan tout lou mounde, caou eus le qui t'ayme.

S'endoubines, que sra le tou heumne, que l'espousras; set troumpes, que sras pendut.

Lou praoube Pifrayre se troubét uncouére aouta 'mpipiatjat coum ére estat jamé. Espousa le hille dou reuy, boun, ére p'aco que poudé li ha peune; mé jamé, ni de lugn, ni de proche, n'aoué bis nade de 'quires treus gouyates : coum recounéchreu le qui l'éyméoue? S'en tournéoue doun tout tris, en quérdeun' bieun que tout qu'ére fenit pr'a-d-eut aqueus cop, con se ba beude per-dreut dou camin uou' abeuille que biné 'n boulans aou daouan d'eut, é aqueure abeuille s'estangue, en li doumandan' ço que ll'ére arribat de fachous, que hadé ta praoube mine.

— Éy pa couan trop de queu m'engailléri, ce respoun lou gouyat.

É li coundét detire soun aha, en diseuns que se bedé bieun pérdut, qu'arreu ne li poudé pourta ajude.

— Qu'eus ço quét troumpe, ce dit l'abeuille. Te soubéns, un journ, quém troubéres sou toun camin, que bini dém coupa uou' ale, é que m'anoures pourta aou caoune? Quém saoubéres le bite; tabé jou, adare, quét réndréy lou méme sérbici. Douman matin, con lou reuy heuntri hen le glise dap lés sous treus hilles, jou que sréy aqui ; quèm beuyras boula a l'èntourn dou cap de l'uoue d'ires, é que haréy de modes que fenira pèr se preune lou mouchouére é s'èn sèrbi pèr m'ahunda. Espiye bieun, te troumpis pa, qu'eus aqueure-aqui que carras mucha 'ou reuy.

Ataou dichout l'abeuille. Lou Pifrayre le boulout arremèrcia, mé con aoubrit le bouque, qu'aoué dija dèsparechut. Se preun doun lou camin, decap ènta soucasi, é que s'èn ba tout countén.

L'andouman matin, con tranguèrèn le mèsse, lou reuy qu'arribe é qu'euntre hèn le glise, dap lès sous treus hilles, toutes treus pariéyres, toutes treus bieun héytes, broyes coum bét' miraills. Lou Pifrayre, tout èsmiraglat, seguioue d'un tros lugn.

— Jamé, cés pénséoue, nade de 'quires béres damiséles ne sra le tou heumne!

Mé con s'èstourèn séytades, triguét pa de beude l'abeuille, qu'arribéoue a l'ore dite : s'èn anout aou dreut decap èn uoue d'ires, é se bout a li soumsounèya aoutourn dou puou é de lès machéres, viou viou viou viou, èn s'aprouchan' de mé 'n mé, dinqu'aou rèdis de lès pèrpeures, tan, pèr le fin, le hille dou reuy se tire lou mouchouére de le potche, é se hique a lou ha ana a tout èstreum, pèr se le sourti de daouan. Aouta léou lou gouyat que se luoue, é que dit aou reuy :

— Qu'eus le qui se casse uou' abeuille dou puou dap soun mouchouére que tén a jou.

Désgays s'aoué acabat, ouîou ! l'abeuille que gahe le boulade, é que désparechoút. En méme téms lou reuy que preun le paraoule :

— Qu'eus bray, ce dit, qu'eus bieun aqueure, é pusqu'as éndoubinat, qu'eus le tou, que l'éspousras.

É lou Pifrayre se bit doun ataou aou cap de toute' lés sous peunes, é qui meuille eus, qu'éspousét le hille dou reuy qui ére amourouse d'eut.

  Jou que boutéri lou pé su'ou' tapouéyre,
  M'én tournéri a le Bouhéyre.

LOU HASAN

Un cop, un hasan, én graoupian' su 'n humé, se troubét uou' bousse pleu de denés. Se metout detire a counda aquit' denés, é con aouout tout coundat que tournét l'arjeun hén le bousse é se le hiquét én pindan aoutourn dou cot: qu'i' aoué juste cént escuts. Aou cap d'uou' paouse, qu'i bén a passa 'n moussu.

— Adiou, hasan.
— Adiou, moussu.
— É que portes aqui én 'queure bousse?
— Cént escuts én denés, que béni dém trouba.
— Oba! Ém bos dicha counda, pér beude?
— Oho, ce dit lou hasan.

É se tire le bousse dou tourn dou cot, é lou moussu se bout a counda lous denés. É counda, é counda. Ènço que coundéoue, lou hasan s'adrom.

Que héy-eut lou moussu? que déche lou hasan adroumit aqui é s'én ba biste, biste, én se pourtan' le bousse. Mé lou hasan se rebéillét detire aprés: se hique aou darré d'eut a crits:

— Tchiritchitchic! moussu, tourne-meu moun' cént éscuts!

Mé, tan mé cridéoue, tan mé l'aout s'aouancéoue. S'én anout chét de bira lou cap, é que désparechout aou houn' dou camin.

Lou hasan se bout a da 'n aouan, é da 'n aouan, é da 'n aouan : que trobe un nit de bréspes.

— Adiou, coumay bréspe, ce dit én uoue qu'ére daouan lou traouc.

— Adiou, coumpay hasan.

— Bos bi dap jou?

— É ént'oun bas?

— Énhourne, énhourne hén moun bénte, qu'ic sabras.

É le bréspe é toutes lés dou nit s'énhournén hén soun bénte.

Se tourne méte a da 'n aouan, é da 'n aouan, é da 'n aouan : trobe uou' laguoue.

— Adiou, coumay laguoue.

— Adiou, coumpay hasan.

— Bos bi dap jou?

— É ént'oun bas?

— Énhourne, énhourne hén moun bénte, qu'ic sabras.

É le laguoue s'énhourne hén soun bénte.

Se tourne hica a da 'n aouan, é da 'n aouan, é da 'n aouan : trobe lou loup.

— Adiou, coumpay loup.

— Adiou, coumpay hasan.

— Bos bi dap jou?

— É ént'oun bas?

— Énhourne, énhourne hén moun bénte, qu'ic sabras.

É lou loup s'énhourne hén soun bénte.

Se tourne méte a da 'n aouan, é da 'n aouan, é da 'n aouan : trobe lou renart.

— Adiou, coumpay renart.

— Adiou, coumpay hasan.

— Bos bi dap jou?

— É 'nt'oun bas?

— Énhourne, énhourne hén moun bénte, qu'ic sabras.

É lou renart s'énhourne hén soun bénte.

Tournét uncouére da 'n aouan, én aouan, én aouan : a le héyte fin qu'arribe a le méysoun oun damouréoue lou moussu. S'en ba aou dreut su' le barre dou séquedeuy é se bout a canta:

— Tchiritchitchic! moussu, tourne-meu moun' cént éscuts!

Lous de le méysoun, tout éstounats!

— Mé d'oun bén doun aqueut hasan, ce hadén its entr'its, é pérqueu cante coum aco?

Con arribét lou désseu, lou moussu qu'apére le gouye:

— Done, ce dit, ba-t'én gaha aqueut hasan, é barre-m'oou hén le bouliére, dap lous guits. — Lous guits que l'escanran, cés peunse, douman n'entiréy pa mé aqueut sarcin.

Le gouye que part. S'én ba gaha aqueut hasan, qu'ére adroumit aqui su' le barre, qu'oou porte hén le bouliére, dap lous guits. Taléou coum éstout aqui, lous guits se li boutén decap: coumeuncén a li courre a gnacs, é li ha 'sparboula le plume, d'un éstreum, de l'aout, s'oous poudé pa bira. Pa eut, nou:

— Coumpay renart! coumpay renart! ce dit, sort biste dou moun bénte, qu'éy lous guits touts decap a jou.

Lou renart que sort dou soun bénte: que saoute su 'quit' guits, que lous éscane touts, lous uns aprés lous aouts, se harte bieun! É que s'én tourne aou soun crot.

L'andouman, de boune ore, le gouye qu'arribe a le bouliére, pr'abia lous guits : quitét toumba d'éspaoume con se bit aqueure mourtaille! Que s'arrebire pé-seuc, que cou toute chantade dise le caouse aou méste. Éntertan lou hasan s'éscape, que tourne s'ana apitra su' le barre dou séquédeuy, é trucs canta :

— Tchiritchitchic! moussu, tourne-meu moun' cént éscuts!

É tout lou journ uncouére qu'éstout lou méme cantit. Lous de le méysoun, suspreus! Sabén pa ço qu'én dise. Con éstout bénléou neuyts :

— Done, ce dit lou méste, tourne-m'ana gaha aqueut hasan, barre-m'oou deheun l'éstable, dap le baque. — Dap le baque, cés peunse, te lés birras p'ataou. Aqueus cop, haras pa loungues.

Le gouye que part; que gahe lou hasan, qu'oou ba barra hén l'éstable dap le baque. Taléou qu'éstout aqui, le baque se bout a arroufla, é se ha decap a-d-eut én cabousséyans.

— Coumpay loup! coumpay loup! ce dit, sort biste dou moun bénte, le baque quém boou catcha.

Lou loup que sort dou soun bénte; que saoute

su' le baque, l'éscane copseuc. É que se harte bieun, é s'én tourne aou soun crot.

L'andouman, aou pun dou journ, le gouye s'én ba a l'éstable pér tira le léyt a le baque: se le trobe morte, ésténiflade sou soustre, toute arrougagnade. Detan qu'ére aqui a 'spia, toute abayade, lou hasan s'éscape, tourne s'ana apitrangla su' le barre dou séquédeuy :

— Tchiritchitchic! moussu, tourne-meu moun' cént éscuts !

Con lou méste sabout ço qu'ére arribat uncouére, aqueut omi hoou é diable!

— Én biréy pa jou 'n cap! ce dit. Aou, seu, qu'alucras lou hourn, qu'oou caouhras bieun, qu'i sougras aqueut hasan deheun. Que buy que coyi tout biou.

Lou désseu, le gouye que porte lou boy aou hourn, qu'i'abite un bét huc, qu'oou caouhe bieun: que ba cérca lou hasan, qu'oou barre aqui deheun tout biou.

— Laguoue! laguoue! ce dit lou hasan, sort biste dou moun bénte, lou huc dou hourn quém burle.

Le laguoue que sort dou soun bénte, que s'éspareuy capbat lou hourn, que l'arreuydis soucop.

Con éstout arreuydit, que s'én tourne aou soun crot.

L'andouman matin, le gouye, quérdé lou hasan burlat, s'ére boutade a ha lés coueuntes, se souptéoue pa d'ana beude aou hourn. Con éstout haout journ, lou hasan, bedé pa bi digun, couméncét a se harta d'aténe; que s'arregahe a canta :

— Tchiritchitchic! moussu, tourne-meu moun' cént éscuts!

Én éntineuns aco, le gouye qu'arribe a galops : qu'aoubris le porte, trobe lou hasan chét nat maou, tout éscarrebillat aou meuy dou hourn. S'én tourne, toute éstroumiglade, ic ana dise aou méste.

— Eus doun lou diable que l'émbiye! ce dit-eut. Ba me cüille aqueut hasan é héy biste, qu'oou buy cottorse.

L'aoute que part soucop. Li ba cüille lou hasan. Mé eut :

— Coumays bréspes! coumays bréspes! ce dit, sourtit biste de moun bénte, lou moussu quém boou cottorse.

É lès bréspes que sortén de soun bénte, toutes én cusse, se hiquén decap aou moussu. É gnacs deci, hissades dela, a lés mans, aous oueuills, pértout; qu'oou baguét larga lou hasan é ha biste!

Trépéoue, s'éstoursé, hadé de tout. Juréoue coum un judiou! É lou hasan crits:

— Tchiritchitchic! moussu, tourne-meu moun' cént éscuts!

Tan, pér le fin, lou moussu poudout pa mé i téne, que cou cérca le bousse dou hasan é que li sogue aou traoués én diseuns:

— Té! hill dou diable! qu'as aqui toun' cént éscuts. Héy me dicha.

É labeuts lés bréspes qu'oou dichérén ésta, é lou hasan se prenout le sou bousse é s'én tournét pr'oun ére binut, én cantan' coum un omi.

Jou que boutéri lou pé su'ou' tapouéyre,
Que m'én tournéri a le Bouhéyre.

LOU GRAN-DE-MILL

Qu'r'aoué 'n cop un omi ié 'ou' heumne qu'érén maridats amasse. Aqueut omi i' aqueure heumne que couméncéouén a bi bieuills, é n'aouén pa 'ncouére nat méynatje; aco qu'oous déoue hort é hort de peune, é le heumne hadé pa sounque préga Diou, é préga Diou, énta que lésin bailléssi un, pér graci. Un journ, én prégan' Diou, que dichout :

— Caou bounure pér jou, s'aoui 'n méynatje! Con sreu pas de bray maye qu'un gran de mill, quém troubri 'ncouére prou urouse.

l'alabeuts lou boun Diou que parlét én 'queure heumne:

— Qu'aouras un méynatje, pusque tan lou bos, mé, ataou coum l'as demandat, ataou que bayra, é jamé ne bira mé gran.

É, caouque téms aprés, aqueure heumne se

counechout grosse, é con éstout aou cap, qu'aouout un méynatje, mé qu'ére ta tchicoy, ta tchicoy, que l'aoureun preus pr'un gran de mill. N'aouourén pa meunch hort de plési, eure émé l'omi; que l'arrecaptérén tout' dus ta bieun coum poudourén, é, caouse qu'ére ta tchicoy, que l'aprérén Gran-de-Mill.

Lou Gran-de-Mill binout pa jamé maye que ne s'ére troubat én badeuns, mé qu'ére ta 'sméridot, é ta counténd'ésta 'ou mounde, qu'ére un plési d'oou beude. Qu'ére adreut, dous pérmés! que hadé de tourns é de birades, se sourtioue a luts de tout ço que souns paréns li mandéouén. Un journ, le sou may, que se bedé hort de coueuntes, l'émbiét tout sous mia lous buous aou prat, é qu'oou dichout:

— Haras bieun chaou ne saillin pa de l'érbe, é n'anin p'aou casaou. Se bén a plaoue, émparras-teu debat uou' hüille de caouleut. É tournras-t'eun de boune ore, t'aneuytis pa.

Bala doun lou Gran-de-Mill partit ént'aou prat, aou darré dous buous, hardit coum un omi. Con éstout aqui, i'arribét tout de cop uou' gran' bouhade de pluye, é que courrout s'apriga debat uou' hüille de caouleut, hén lou casaou, coum ll'aoué dit sa may. Mé le pluye bacséoue pa; a force d'aténe que fénit pér s'adroumi aqui sou crot, de modes, én bét pecheuns, lous buous que s'aprouchérèn, é l'un se minjét le hüille de caouleut é s'abalét lou méynatjot en méme téms.

Con lou désseu arribét, lous buous s'én tournérèn, mé lou Gran-de-Mill pareché pa 'nloc, é bala le sou may toute én peunes. Que part detire, pr'ana beude aou prat, é crits apra, tout de loun dou camin :

— Hoou! Gran-de-Mill, hoou! Hoou! Gran-de-Mill, hoou !

Mé arreu ne réspouné, arreu ne réspouné, ni dou prat ni d'énloc, é aqueure heumne énquiéte! S'én tourne a l'én-arré, é toutjamé qu'apréoue :

— Hoou! Gran-de-Mill, hoou! Hoou! Gran-de-Mill, hoou !

Coum arribéoue a soucasi, lou Gran-de-Mill que réspoun :

— May, suy aci! may, suy aci, hén lou bénte dou Caoubeut!

Le praoube heumne, én éntineuns aco, quitét toumba d'éspaoume. Que coumeunce a ploura, é se desoula, é que cou abérti soun omi de ço qu'i'ére arribat.

— A! caou malure! caou malure! qu'i'a lou Caoubeut s'a abalat lou nos Gran-de-Mill! Que l'a deheun lou bénte, que m'a réspounut!

— Eus doun eut bray? ce dit l'omi. Moun Diou! que bam nous ha?

— Tuouam lou buou, ce dit le heumne, que lou troubram uncouére.

Que tuouérén doun lou buou, é que l'ésbéntrérén, sou paillas, daouan l'éstable; é se boutérén a bésita lés tripes. É cérca, é cérca, aqui decap, én apran' toutjamé Gran-de-Mill, mé n'oous tournét pa mé réspounse, é qu'aouourén bét cérca é se cura lous oueuills, se calourén pourta le biande dou buou chét d'aoueu troubat lou méynatje. Que dichérén le buseuille aqui sou paillas, é que jitérén tabé lou hitje blan, pramoun qu'ére un tchic ouastat.

Que s'ére doun héyt lou Gran-de-Mill? Se troubéoue justemeun hén lou hitje blan. De le bouque dou buou s'én ére anat toumba 'qui, mé soun pay é sa may, quitéouén pa 'spia de 'queut éstreum, qu'i'aouén turtat ta hort, én bét apran' lés tripes, s'ére damourat méytat mort é chét paraoule. Bala ço qu'ére arribat.

Coum ére doun aqui, tout ésbayit hén lou liou, a l'éntrade de le neuyt qu'i bén a passa uou' bieuille.

— A! lou bét hitje! ce dit. L'an pa boulut, tan baou m'én aproufiti.

É s'amasse aqueut hitje, s'oou hique en un cistét qu'aoué aou pleuc dou bras.

Le bieuille qu'arribét labeuts dreut d'un hourn qu'i'aoué 'n tros mé 'n aouan aou pé dou camin. Que binén de tira pan, le bouque qu'ére uncouére toute caoude; coum i hadé hort de reut, que paouse soun cistét a térre é que s'aproche pér s'éscalouri 'n tchic lés mans. Su' queut demieuy, lou Gran-de-Mill qu'ére un tchic tournat; con bit aqui aqueure bieuille, toute houchude decap a le bouque dou hourn, se bout a dise :

— Aprigue-teu, truye, quét beuy lou cu.

Le bieuille s'arrebire biste, toute éstounade, en arrebourans a tout éstreum : pareché pa digun! Le pou que le gahe : que s'amasse soun cistét é s'éscape a galops, tristrastras, tristrastras, é 'spiéoue pa darré eure! Con éstout un tros lugn :

— Trote, trote, trote, bieuille, troubras neuyts, ce dit lou Gran-de-Mill.

— Lou boun Diou me pérdouni! ce dit le heumne, sreu p'aou meun aqueut hitje que parle?

É courre! S'éslentéoue! Bouhéoue coum un tach! Un aout tros mé 'n aouan :

— Trote, trote, trote, bieuille, troubras neuyts, ce tourne ha lou Gran-de-Mill.

— Hitje, te jiti!

— Trote, trote, trote, bieuille, troubras neuyts.

— Sourcieuras de hitje, ba-t'eun aou diable! ce dit le bieuille.

É qu'oou tire dou cistét, que lou sogue un tros lugn. Lou Gran-de-Mill, crits :

— Bieuille, amasse-meu! bieuille, amasse-meu! Hahahaha!

É le bieuille se sourti lous ésclops, é huye coum uou' hole, decap ènta soucasi, toute èstroumiglade, hure, hure, hure, i poudé p'atrapa!

Alabeuts, que hadé dija 'scurade, lou Gran-de-Mill poudé pa mé pénsa de s'én tourna a soucasi. Se déoue pa a le peune pèr ta tchic, é s'arranjét hèn lou hitje, ta plan qui maou, pr'aténe lou journ. Mé, ataou coum s'adroumioue, lou loup bén a passa : que séntit lou hitje é se l'abalét, tout én un boussin, é bala moun Gran-de-Mill barrat deheun soun bénte.

Lou loup s'én ba 'n aouan, én aouan, én aouan : lou matin, trobe un ligot d'aououilles.

— Boune si l'ore! ce dit, baou méte uou' aououille dap lou hitje.

Que cou decap aou ligot. Mé lou Gran-de-Mill crits, de deheun soun bénte :

— Bire! aouillé, bire! qu'as lou loup a lés ouilles!

É l'aouillé qu'arribét, én ahoucans lou loup, é lou loup s'én tournét pé-seuc, pér le part d'oun ére binut, tout suspreus é l'aoureuille bachade.

Se tourne méte a ha camin é ha camin : hit cap én un ligot de crabes.

— Qu'eus ésgaou, ce dit, lés crabes ban paga pér lés ouilles.

É se lance aqui decap. Lou Gran-de-Mill crits :

— Bire! crabé, bire! qu'as lou loup a lés crabes!

É lou crabé courre. Li 'ntissét un gran can aou darré, de modes qu'oou baguét tourna 'spia d'oun biné é plega panét aou mé biste, chét demanda soun counde.

S'én ba 'n aouan, én aouan, én aouan : lou renart se troubét sou soun camin.

— Adiou, coumpay loup.

— Adiou, coumpay renart.

— É qu'as? és pa 'smérit! T'i'a arribat malure?

— Suy énsourcieurit! ce dit lou loup. Séy pa ço que lou diable m'i'a 'ntrat hén le pét dou bénte, puch pa mé m'aproucha d'un ligot chét qu'aco ne cridi é n'arraouji pr'abérti lou ouardayre. Séy pa 'nt'oun me bira!

— Segu, ce dit lou renart, qu'eus caouque méynatjot que t'aouras abalat tout biou chét de t'én abisa. Cague-lou, ou que mouriras de hami.

Lou loup se bout én obre. É préme, é prémé, é s'i ha; s'éspousséoue é 'n biné pa 'n-d-arreu: tournét parti tout hoou, én jurans que se hartreu, aco que cridéssi ou que hissi lou diable. A le fin, que trobe un gart de baques.

— Qu'aouréy uou' baque! ce dit; segù que n'éscanréy uoue.

É lés-i cou decap. Mé Gran-de-Mill :

— Bire! baqué, bire! qu'as lou loup a lés baques!

S'ésganéilléoue! Loù baqué qu'arribe a galops. Lou loup, ahamiat, se hadé én aouan a traoués tout, mé lés baques s'érén boutades cu é cu, toutes aou roun, s'i hiquén a cop' de corn, lou quitérén ésbéntra, é que culét, ugnaout cop uncouére. Rougnéoue coum un can magre!

— Qui és doun tu, bran-dou-diable? ce dit labeuts. Le neuyt que tourne é que suy a jun uncouére! Me dious ha pri de hami?

— Qu'aouras le pats, ce dit lou Gran-de-Mill, mémes que t'énségnréy un indreut oun puyras tchapa tan coum te sabi boun; mé proumét-meu dém caga taléou coum sis arribat aqui.

— T'ic prouméti, ce dit lou loup.

— Tourne decap oun as troubat aqueut hitje : qu'i'a pér-la proche uou' borde su'ou' courjéyre, adare lés ouilles qu'i soun deheun. Pr'éntra, que haras un traouc pér-debat lous pourtaous. Mé cagras-meu sou soustre, daouan d'agarri nade ouille.

Lou loup que part d'abiade. É courre, decap énta le borde. Con i 'stout, graoupiét pér-debat lous pourtaous, dinqua qu'aouout héyt un traouc; mé taléou entrat, que saoute a le ganeuille d'uou' ouille.

— É jou, hoou? ce dit lou Gran-de-Mill. Cague-meu, é ha biste, ou que héssi 'ncouére gaillére.

— Tchou! tchou! atén! ce dit lou loup.

Hit tan, aqueus cop, a force de peune, qu'én binout én cap.

— M'as cagat! ce dit lou Gran-de-Mill, adare lébértis-teu.

— É trucs su 'n 'quires ouilles, lou loup! Que n'éscanét un gart, se pourtét ço que poudout, é s'én anout oun boulout, é digun desémpus m'én a pa mé héyt nouéles.

Pér Gran-de-Mill, s'én ére anat én un cugn de le borde é s'ére arranjat aou soun meuille, deheun lou soustre, pér passa le neuyt. Mé, ataou coum s'atchaoumioue, qu'éntinout qu'aoubriouén le porte;

qu'éspiye : se ba beude dus omis qu'êntréouén hén le borde é s'aprouchéouén de lés ouilles, é l'un de 'quit' dus omis se bout a dise :

— Hoouhoou ! é i'a mourtaille ! Eus lou loup qu'eus binut aci !

— Pot pa s'éscade meuille, ce dit l'aout, am pa sounqu'a n'én pourta de lés mortes.

Aquit' dus omis qu'érén jéns de pér-qui proche, que diouén bate l'andouman, mé n'aouén pa de queu s'acasi le tchoque, é que binén aqui de neuyt tout' dus amasse, énta ne pana seungles. Coum s'abachéouén decap a lés ouilles mortes, én lés toucans l'aourét de l'ésqui, l'uoue arroun l'aoute, pér debura lés mé béres :

— Aoudioumadaou ! ce dit un, que n'éy uoue aci qu'aoura ma foy suou aous agnerouns.

— Doun plan jou, ce dit l'aout, n'éy ugnaoute gn'a pa trop de maou.

— Oba ! ce dit lou Gran-de-Mill. Pariam suy jou qu'éy le mé bére !

— Qui eus aqui ? ce demandérén lous dus omis, tout chantats.

Arreu ne réspouné mé : le pou qu'oous gahe ! s'éscapérén coum se lou diable lous apousseguioue, é que dichérén lés ouilles aqui oun érén.

Aprés aco, lou Gran-de-Mill se hiquét a droumi, é ll'arribét pa mé arreu de le neuyt. Coum ére hort estadit, se rebéillét pa dinqua l'andouman matin, con l'aouillé binout a le borde pr'abia. Con se bit aqueure mourtaille, lou praoube omi couméncét a se desoula ia téne trin, é carca d'énsurtes aqueut malihéyt de loup : juréoue, arraoujéoue, hadé lous sét téms!

— Quém poudes lou cap! ce dit lou Gran-de-Mill hén soun cugn. Dious pa tan te plagne : se m'éri pa troubat aci aneuyt, que gn'a caouques-uoues doun n'aoureus p'aouut ni le biande ni le pét.

L'aouillé qu'arrebouréoue!

— Eus beléou lou diable! cés peunse

É taléou lés ouilles abiades, que tr . . . . . mortes dahore, aou mé biste, tout ésmudit de p.u, é se lés anout escourja un tros lugn de le borde.

Lou Gran-de-Mill, pér le fin, qu'ére pleun de tan d'ésbats ; qu'aoureu bieun boulut, benléou, s'én poudeu tourna a soucasi. Coum ére én sounjes aqui-déssus, dus heumnes que binourén a le borde pér soustra. Se pénsét qu'oou tirreun beléou d'émbarras, mé un gran malure quitét ll'arriba 'ncouére : l'uoue de 'quires heumnes s'én anout paousa le sou pèrméyre palade de broc bieun aqui oun eut ére, é daouan lou praoubot, tout èstambournit, ne se poudout recouneuche ni dise un mot, dap le cabeusse de l'arrèstét qu'i dét un bét truc déssus, ta proche d'eut qu'aouout pou a-de-boun é que hit un gran crit.

— Ayayay! m'as mancat tuoua! Èspiye doun oun das.

É lés heumnes désgampa biste, tout' éspaourides, èn dichans aqui lous arréstéts.

— Ayit pa pou! ayit pa pou! ce lés cridét, bés haréy pa doumaou; bineut méléou me tira de 'ci.

Lés heumnes que tournén a l'én-arré.

— Qui eus doun aqui? se dichourén, beudém pa digun.

— Aci, aci, debat lou broc, m'èn puch pa désbarréya.

Se hiquérén toutes dus a tira broc, é cérca, é sourguilla decap oun éntinén parla. Pér le fin, que lou troubérén.

— Qui és doun tu, tchaoupricot de harde? ç'oou demandérén, tout' ésmiraglades.

Ce dit lou Gran-de-Mill :

— Que suy lou hill d'un taou, de taou indreut. Que m'ésbarriri asseu, èn m'én tournan' de le lane, é qu'éy passat le neuyt én 'queuste borde. Séy pa oun suy, quèm hareut bieun sèrbici sèm boulét mucha moun camin.

— Dap plèsi, méynatje, ce dichourèn lés heumnes.

É que s'oou preunèn, qu'oou ban pourta sou soun camin, chét se désoublida d'oou dide oun calé qu'escarréssi ènta ha mé court. Gran-de-Mill lés-i héy souns gramecis, é que part, tout hardidot. É n'ana, é n'ana. A force de camoutéya, se séntit un tchic éstadit, é s'ajaquét aou pé d'uou' brane, aou bort dou camin, pèr bouha un moumeun.

Désgays s'ère aqui, treus boulures qu'arribèn é s'éstanguèn justemeun aou pé de 'queure brane pèr se partatja uou' soume d'arjeun que binén de pana pèr-qui proche. Se hiquèn a counda l'arjeun, é con éstout tout coundat, ce dit un aous aouts dus :

— Tu, qu'as aqui tan, tu tan, m'i damore tan pèr jou.

— É le mi part, hoou? ce dit lou Gran-de-Mill, dou houns d'un traouc oun s'ère éstuyat.

Aquits omis, chantats! Se luouèn tout' treus bieun biste, é 'spia a tout éstreum : coum bedén pa digun, le pou qu'oous preun ta hort, que s'éscapèn a galops, cadun dou soun coustat, èn dichan' soun arjeun tout éspourguillat aqui sou crot.

Lou Gran-de-Mill s'amasse aqueut arjeun é se tourne méte én camins, tout countén. A le fin, qu'arribét a soucasi.

Con s'oou birén aqui, soun pay é sa may, que quérdén qu'ére mort é l'aouén tan plourat, quitérén toumba de plési é de suspreusse. Sabén pa oun s'oou méte!

— Oun éres doun tu passat, ce hadén, que t'am tan cércat!

Lou Gran-de-Mill lés-i racountét d'un cap a l'aout tout ço que ll'ére arribat, é coum s'ére tirat de tout, é qu'acabét én hén' ringa soun arjeun hén lés potches. Aquit' praoube' jéns s'én poudén pa cara.

Pr'a-d-eut, se tournét méte detire a l'aoubratje, coum de daouan, chét d'éspia le sou peune pér soulatja souns paréns, de modes, pér le fin, n'aouourén pa mé que tchic de caouse a ha pér le sou part; é que binourén hort bieuills, hort bieuills, é que biouourén hort urous dap lou soun Gran-de-Mill.

Jou que boutéri lou pé su'ou' tapouéyre,
Que m'én tournéri a le Bouhéyre.

LOUS CRABOTS É LOU LOUP

Qu'r'aoué 'n cop uou' crabe que damouréoue èn-d-un bourdot, èn aouan, èn aouan su' le lane, dap cin crabots. Aqueure crabe, un journ, que se coupét uou' came. É coum boulé ana a Sèn-Jaques pèr se le ha 'ranja, que s'amassét toute le sou léyt, é que hit uou' gran' méyt pleu de roumatjes pèr lous crabots, ènta qu'aououssin de queu minja dinqua qu'èstoussi tournade. É qu'oous dichout :

— Méynatjes, que m'èn baou ènta Sèn-Jaques, hort lugn, hort lugn de 'ci, me ha 'ranja le came. Barrouillat-beus hèn le borde, é tan que singui aou larje, n'aoubrissit pa 'n digun, se bès minjreun. Con arribi, que cantréy a le porte :

> Crabine, Crabilloun,
> Aoubrit moun povrtinoun;

Béni de Sèn-Jaquétes
Ha 'ranja ma caméte.
Jou que porti léytine
Aou cap de ma poutchine
É hûille d'arroumeut
Aou cap de moun courneut [1].

É lous crabots li proumétourén bieun tout, é se barrérén hén le borde. É le crabe se hiquét én camins.

Mé lou renart qu'ére pér 'qui aous arréoueuyts detan que le crabe parléoue aous crabots, é qu'aoué 'ntinut tout. Con s'én éstout anade, s'én ba turta aous pourtaous de le borde.

— Pam! pam!
— Qui eus aqui?

— Crabine, Crabilloun,
Aoubrit moun pourtinoun.....

— Qu'eus mama! qu'eus mama! ce cridérėn lous crabots.

É qu'aoubrirėn biste le porte.

Caou pou n'aouourėn pa, con birėn qui ére aqui! S'éscapérėn a galops ėnt'aou houns de le bordę é saoutérėn hėn lou courtin. Mé lou renart ėn boulé pa qu'aous roumatjes; s'én anout aou dreut a le méyt. Hit un cop un boun hart! Con éstout bieun pleun, s'én prenout pėr-sou marcat tan coum ne pouvé pourta, é que sourtit de le borde, chét ha nat maou aous crabots.

Ėn s'én anan', se ba beude arriba lou loup. É que ha? S'amasse biste un péyroc qu'i'aoué aqui pėr térre, que cou arruspla s'un cassi qu'ére un tros mé 'n aouan. Lou loup qu'aoué sėntit lous roumatjes; ėn s'aprouchan' dou cassi s'abisét dou renart séytat ėn haout sou hourc: li 'n demandét un tros. Lou renart li 'n souguét uou' brigaille.

— B'eus boun! ce dit lou loup. Mé haréy pa de gran' cagailles! Baille-m'eun un tchic mé, baille.

— Clutche é bade, ce dit lou renart.

Lou loup se bout a clutcha é bada. Aoubrioue uou' gaoute! Se maouhidéoue pa. Lou renart, rap! se gahe soun péyroc, li sogue de pleun hėn le ganeuille.

Moun loup, tout atrapat! Se quitét éstrangla! Dap prou de peune que tournét goumi le péyre, mé qu'aoué le bouque toute én san. Aoué 'ou' malice rouye!

— A! cascan! Drabe, drabe, quét baou trouba le cope! É se t'én bantes, crouts de paille!

Lou renart s'én arridé.

— Se t'én das, sabras pa oun i'a de 'quit' boun' roumatjes!

Lou loup s'amouéyrit soucop. Que dichout n'ére pa maou, s'én déoue pa, que hadé tabé pr'arride: mé que boulé sabeu oun érén lous roumatjes. Ce dit lou renart:

— Lahore, a le borde, le crabe que n'a uou' gran' méyt pleu. Adare qu'eus aou larje, ba-t'én truca a le porte, é cantras le sou cante, te le baou énségna, lous crabots t'aoubriran.

É li 'nségnét le cante de le crabe, é lou loup que partit d'abiade. S'én ba turta aous pourtaous de le borde:

— Pam! pam!
— Qui eus aqui?

— Crabine, Crabilloun,
  Aoubrit moun pourtinoun.....

— Eus pa mama! eus pa mama! ce dichourén lous crabots, qu'eus uncouére un boulure de roumatjes.

É se mouquérén d'eut, lou boulourén p'aoubri, é s'èn tournét coum ère binut, maoucountén é lou bénte buyt. Ce dit lou renart :

— Qu'as le buts trop arraouque, que t'an recounechut. Mé qu'oous afrountram toutun : ba-t'eun ènço dou haou, te ha aprimi le leungue.

Lou loup que part soupit. S'én ba ènço dou haou, se ha aprimi le leungue. Aou cap d'uou' paouse, que tourne arriba a galops.

— Cante, ce dit lou renart :

— Crabine, Crabilloun.....

— O! mounome, i'és pa 'ncouére! Le crabe qu'a le buts mé 'scleute! Tourne a l'arrepé.

É l'émbiét ugnaout cop ana trouba lou haou. É trucs courre, lou loup! S'én hartéoue pa! Con tournét, n'aoué pa mé sounqu'un troussic de leungue :

— Crabine, Crabilloun.....

— Qu'ï'és pourtan! ce dit lou renart. Adare, pots j'ana, lous crabots que t'aoubriran.

É lou loup parti biste. Tourne arriba a le borde :
— Pam! pam!
— Qui eus aqui?

> — Crabine, Crabilloun,
> Aoubrit moun pourtinoun ;
> Béni de Sén-Jaquétes
> Ha 'ranja ma caméte.
> Jou que porti léytine
> Aou cap de ma poutchine
> É hüille d'arroumeut
> Aou cap dou moun courneut.

— Eus pa mama! eus pa mama! ce disén lous grans.

— Si, que n'eus! si, que n'eus! ce disén lous tchicoys.

É s'aouancérén d'aoubri.

Caou pou uncouére, con se birén aqui aqueure marmaoutche! Bounuremeun lou loup s'abisét dabort de le méyt, é s'éstaquét aous roumatjes, énço que courrén, biste, biste, lous uns pér-sou cu dous aouts, s'éstuya hén lou courtin. Lou galép se tchapét tout, ne dichét pa 'ou' brigaille! Con éstout bieun pleun, que coumeunce a s'ésbadailla ia s'éstira, s'ésténifle tout loun aqui deheun le méyt, é se hique a droumi.

Coum droumioue désémpus uou' paouse, lous crabots ban l'énténe que rouncléoue coum un porc, sop bos réspéc. Le pou que lés-i'aoué un tchic passat, couméncérén a ha gnaou pér lés hénércles dou courtin, é se dichourén éntr'its, tout bas :

— Lou loup que drom ! lou loup que drom ! Que caou ha truha aygue, pr'éscaouda lou grouman.

É que sortén dou courtin, tout touchaou, qu'abitén un gran huc daouan le borde, é se boutén a ha truha aygue, lou caoudé pleun. Labeuts, con l'aygue éstout bieun bourénte, se gahén lou caoudé, s'aprochén dou loup, tout tourreum, tout tourreum, tchas ! te li béssén déssus, toute én un cop. Lou loup qu'éstout léou capsat ! Que gahe le porte tout chantat, s'éscape a galops pér-su' le lane. S'éspanléoue de courre ! É lous crabots crits, de daouan le borde :

— Aou loup éscaoudat ! aou loup éscaoudat !

É lou loup réspoune, de lugn aouan :

— Én suy pa sounque d'un coustat ! én suy pa sounque d'un coustat !

Mé s'én anout toutun, coum un pouytroun, é lous crabots se tournérén barra hén le borde, tout' éngaillerits de 'queut ésbat. Pér le fin, le crabe que tournét dou soun pélégrinatje, dap le came arranjade; con counéchourén le sou buts, que courrourén aoubri le porte, é li saoutérén aou cot. É li racountérén ço que lés-i'ére arribat, én parlan' touts én un cop.

Jou que boutéri lou pé su'ou' tapouéyre,
Que m'én tournéri a le Bouhéyre.

LOU RENART É LOU LOUP

I

Un journ lou renart qu'ére ajacat hèn lou broc, aou pé d'un camin. Un gart de oués que passérèn èn raillans, é l'un que disé :

— Qu'eus ésgaou, se lous roumatjes doun portém aqui soun bouns, n'aouram pa héyt un machan aha, n'oous am p'aouuts hort cas.

Cès peunse lou renart :

— A! qu'io! É qui sap doun se jou puyri pa n'aoueu tabé le mi part? Baou saya.

É se bout a courre, èn s'ahignans, que preun l'èndaouan, que ba s'ésténe èn traoués dou camin, un gran tros lugn dous oués, coum s'ére mort : é qu'atinout. Con lous oués arribérèn :

— Boune trobe ! ce dit un ; am aci méste renart !

— Coum lou diable, ce dit ugnaout, s'én eus binut éstoufla 'qui?

Li bailléren caouques pous d'ésclop, lou biréren d'uou part, de l'aoute : magléoue pa ni pés ni cap.

— Mort qu'eus, ce dit lou pérmé; tan baou n'oou portim, haram toutjamé courre le pét.

É s'oou gahe pr'uou' gayne, qu'oou ba souga su 'n bros.

Lou renart, counténl qu'ére aqui que boulé 'sta. Qu'arrebite, chét pérde téms, s'éstaque detire aous roumatjes. Mé, s'i hidéoue pa! Con aouout baillat caouques bouns gnacs, s'én agarbe un tout énteuy, que saoute de sou bros, é s'éscape a galops. S'én anout sou hourc d'un cassi, pér l'éspourguilla aou soun ayse.

Énço qu'ére aqui, lou loup bén a passa : qu'aoué hami; séntit de lugn lou roumatje; que bit lou renart sou hourc, li 'n demandét un tros.

— Éscoute s'i plaou! qu'eus trop boun! Ba-t'én cuille oun l'éy preus!

— Oun caou ana? ce dit lou loup.

— O! pa lugn, ce dit l'aout : aquit' oués doun s'én ban lahore que n'an seungles gran' cistres sous bros. Preun l'éndaouan, ba t'ajaca sou camin, é héy bieun dou mort. Qu'eus tout ço qu'éy aouut a ha. Con te trobin aqui, que t'amassran, què̀t sougran su 'n bros, aouras pa qu'a minja.

Lou loup que part d'abiade. Se déoue gay pr'aouance. Lou renart s'én arridé.

— Jou qu'éy héyt mole un cop, cés peunse, mé sreu bieun d'éscadénce lous oués s'i tournéssin dicha gaha. Troubras lou diable a déscouse, énta toutare.

— Con èstout aou camin, un gran tros lugn dous oués, lou loup s'ajaque tout loun, aou traoués de l'éscalissoun, se hique a ha dou mort, ta bieun coum sabé. Justemeun, lous oués, binén de trouba lou renart de manque; s'érén abisats dou tourn, arribéouén tout' hoous. Ce dit un tout de cop:

— Tchou! éspiat doun! lou loup! Pariam, l'amne dou cos, que bourreu ha coum lou renart!

Coumeuncén a se gaha seungles gran' paous de bros, li courrén touts decap: é trucs, é cops, é bums, sou coueuy dou praoube loup; li hadén huma lés costes! Troubét bénléou le cante loungue! que s'arrecailliouét, chét demanda soun réste, é que désgampét é ha biste, pér le part doun ére binut. Lou renart li demandét coum aoué troubat lous roumatjes.

— O, ce dit lou loup, m'éy cércat uou' broy' gailléré! Aquit' brans-dou-diable de oués, é m'an doun amassat brigue? Quém soun toumbat' déssus a gran' cop' de barrot, m'an bieun bouhat lou barquin! Que m'a bagat ha luts, é que s'én anéoue ore! Que héy bét t'éscouta!

Rougnéoue; ére pa counténn. Le pét que li 'scouyé! Lou renart li dichout s'i'ére pa sabut preune, é que partit soucop eut-mémes, én parians qu'i tournreu é que pourtreu 'ncouére un roumatje. Lous ouès, tout' counténs d'aoueu ta bieun bigat lou loup, railléouén coum catourtze, un tros én aouan dous buous. Se maouhidéouén pa. Lou renart s'aproche pér darré, que saoute sou cu d'un bros, se tourne éscapa dap ugnaout bét roumatje. Qu'arribe aou loup, li baille: se l'abalét én un boussin é lou troubét hort boun. Mé que pudioue a tchic! que n'aoureu boulut mé!

— Un éstroun de hali! ce dit l'aout; lou joc que se ouastreu. Gaham ugnaoute abiade.

Se boutén a ha camin amasse, pér-su' le lane, én héns éstiouéres. É da 'n aouan, é da 'n aouan, é da 'n aouan: arribén aou pé d'uou' laguoue. Le luoue qu'arrayéoue, toute redoune, se mirailléoue aou meuy de l'aygue. Ce dit lou renart aou loup:

— Tout te bén aou toun souat. Én boulés tan ugnaout, l'as aqui tout sérbit.

— Queu doun? ce dit lou loup.

— Beuys p'aqui aqueut broy roumatje? Quét bailli le mi part, harte-te couan aou diable!

Plup! lou loup que saoute hèn le laguoue, tout prés a aclapa lou boucin. Mé, èn tchampouillans, que hadé armoulia l'aygue a l'éntourn d'eut, arreu n'i pareché mé, é que tournét aou bort, tout émpipiatjat, chét d'aoueu troubat lou roumat'e. Taléou sourtit, s'oou tourne beude aou même crot.

— Que caoù doun ha? ce dit.

— Buou-teu toute l'aygue, ce dit l'aout, que lou troubras aou houns.

Lou loup qu'oou quérdout. Se bout a buoue, é buoue, é buoue : mé, ént'anlore, a force de buoue, l'aygue li poudé pa mé 'sta hèn lou bénte, le dichéoue ana pér darré éndetan que l'abaléoue. Ce dit lou renart :

— Que héys? S'abiyes pr'un cap ço que heuntre pér l'aout, jamé n'acabras. Que baou ana cüille uou' bounde.

Que cou én-d-uou' ségue qu'i'aoué proche de 'qui, se héy uou' bére caillioue de pin, é que tourne ént'aou loup, li plante aqueure caillioue hèn lou cu. É lou loup se tournét méte a buoue.

A le fin uou' nuble que binout a passa sou céou ; tout de cop le luoue se troubét éstuyade.

— Coumpay renart! lou roumatje eus pa mé aqui.

— Galép! oun bos que si sounque hén toun bénte? Te l'as abalat chét t'én abisa! Le hami t'a passat, mahide?

— Oho! ce dit lou loup, émé le seut tabé. N'én podém ana.

É se tournén méte én camins.

Mé lou renart, qu'ére hart coum un bioc, s'ésbadailléoue, trajéoue les cames; fenit pér dise qu'ére éstadit, que boulé ha un béc, é s'ésténiflét aou pé d'uou' jaougue, de bénte aou sou : tampléoué! Lou loup s'ajaquét coustat d'eut, mé l'aygue qu'oou sayéoue, poudé pa s'adroumi. A le fin de gran' trencades qu'oou gahén. Hadé pa que crida.

— Cou un tchic, ce dit l'aout, aco quét dichra beléou.

Lou loup que part a galops; hit un gran tourn pér-sou broc : s'éslentéoue de courre! mé n'ére pa meuille ni sourdeuys, é que tournét ént'aou renart, lou prega qu'oou soulatjéssi, d'uou' mode ou de l'aoute, sabé pa mé oun pati! Qu'i'aoué, un tros mé 'n aouan su' le lane, un gart d'aouillés que hadén bluhe; se troubéouén labeuts de l'aout èstreum dou huc, parêchén pa mé nats, mé lou renart qu'oous aoué bis daouan ; ce dit aou loup :

— Que s'escay bieun ! Beuys aqueut huc lahore ? Se pots saouta pèr-su 'queut huc naou cops ana é bi, chét t'éstanga ni preune leun, aco que t'éscalourira, quèt boutra èn chudou, que beuyras tout toun maou déspareuche copseuc.

— Sayréy, bé ! ce dit lou loup.

— Que gahe le cousse aqui decap. Mé lou flam qu'ére larje, se maouhidéoue pa ; saoutét pa prou 'n aouan, i toumbét deheun tout en pleun : se quitét coye tout biou ! Atrapét aou bort é ha biste, mé se troubét labeuts aou barreuy dous aouillés : con birèn aqui 'n loup, li courrourén touts decap, èn cridans coum bét' hoous, ll'arrounsérén caouques bouns cop' de daill aou traoués de lès costes. S'én saoubét, mé s'èn bit hort ! Tournét s'ana plagne aou renart.

— O ! té, ma foy, qu'i ha ? ce dit l'aout. Poudi pa 'ndoubina que s'i troubéoue jén de l'aout èstreum dou huc ! Carreu sabeu tout !

Se tournén méte a ha camin é ha camin. Lou renart qu'aoué 'ntinut lous trucs d'uou' batéyre, que miéoue lou loup aou dreut aqui decap. Con i 'stourén, lous batedous que binén de pailla, s'én

éren anats ha déspréyroun, i'aoué pa mé digun su'
l'éyre. Le paille s'arrayéoue! Hadé 'n sou! Ce dit
lou renart :

— Adare qu'am nos aha. Que bas t'ajaca aqui
debat aqueure paille; lou sou qu'i'arraye bieun,
que sras bieun a le calou, daouan uou' ore de 'ci
qu'aouras lou bénte a crot. Mé se pér cas i bén
mounde, haras bieun dou mort; énténis ço qu'énténis, maglis pa mé de 'qui que nét séntis ouarit
bieun én pleun.

Én diseuns aco, que hit ésténe lou loup aou
mieuy de l'éyre, lou caburét bieun de paille, l'és-
tuyét bieun. É s'anout méte aprés aous arréouéuyts
un tros lugn.

Aou cap d'un tchic, con aouourén déspréyat,
lous batedous que tournén a l'éyre é se gahén lous
hiléts. Én arribans aou crot oun ére éstuyat lou
loup :

— É! am aci, ce dichourén, uou' sise bieun
éspeusse! Aném, haout! uou' boune ambrade!

É s'arredoublén touts. É truca, é bumpa, su le
bugue de 'queut loup. Tan aou meun, pér le fin,
le caillioue li tchistét dou cu : brrout! l'aygue se
ll'éscape dou bénte, toute l'éyre amarade! Lous
batedous, tout éstounats, s'éstanguén. Én méme

téms lou loup que sort de debat le paille, tout désclicoutat, que gahe lou plé à galops. É it' crits :

— Aou loup! aou loup! aou loup!

É touts se li boutèn aou darré, lés heumnes coum lous omis, dinqua lés quite' cousinéyres, qu'érèn èn trin de tira le quérchade, qu'arresinnérèn lou caoudé pleun sou meuy dou soou pér courre èn 'queut èchan.

Qu'ére ço qu'atiné lou renart. Que s'aproche biste, biste, s'ésluche ènta deheun, se ba beude aqui le quérchade : que héy-eut soucop? se bout lou caoudé èn pindan aoutourn dou cot, é bé! ènta dehore, chét demanda soun réste. Mé lés heumnes, s'èn tournéouèn, s'abisérèn dou boulure que s'éscapéoue pér-su' le lane, é aqui crits uncouére : ·

— Aou renart! aou renart! aou renart!

É lou renart arride. É huye, a gran joc de pés, dap soun caoudé aou cot. Èn birèn pa que brumes! Que tournét léou beude arriba lou loup : li demandét si s'ére pa troubát bieun debat le paille, que n'ére sourtit ta léou, é ço que s'i'ére passat.

— M'èn parlis! ce dit lou loup; que m'i'a binut un gart d'omis, qu'érèn touts hoous é pécs, que m'an tan bumpat, tan bumpat, n'aoui lés costes ésplatides. Que m'an ouarit, de bray, mé m'én an bieun héyt abeude!

— Que bam soupa aou soun déspeuns, ce dit lou renart.

É li muchét le quérchade, é li dichout coum s'én ére émparat detan que lous de l'éyre érén aou darré d'eut. Tout qu'éstout léou bibalat! Mé gn'aououssi aouut! Un tchic counsoulat pér le fin, lou loup se lequéoue lous pots. Dichout qu'ére bieun pleun, bieun aou soun ayse, que boulé jade uou' paouse, é s'ajaquérén tout' dus cot é cot aqui sou broc.

Mé 'nta bénléou lou renart se séntit uou' gran' seut. Énço que lou loup droumioue, se luoue tout touchaou, se désbiye decap én un cartié qu'i'aoué 'n tros mé 'n aouan su' le lane: se ba abisa d'un traouc hén le murre d'uou' méysoun, qu'i heuntre: se trobe hén un crampot oun lous de 'queure méysoun se tinén lou bin. Que coumeunce a gousta 'queut bin; que buou caouques bouns cops, decap a le barrique, chét pérde téms; con aouout buouut pér le sou seut, s'én tourne, s'én ba ha rébéilla lou loup.

— D'oun béns? ce dit aqueus; é puts a bin!
— N'éy couan buouut, eut!

— Äoun? Suy escanat de seut, qu'i buy ana jou tabé!

— Chioule, bissoc! Énta t'émbériaga? Labeuts que bourreus canta, ha dou hoou: nés i hareus gaha.

— Cantréy pa, ce dit lou loup, segu cantréy pa. Miye-m'i seloumeun.

— Aném-i doun, ce dit l'aout, mé héssis pa pégaous. Chaou d'én dise malaye!

É, que hadé bénléou neuyts, que partén, tout' dus amasse, qu'arribén a le méysoun. Lou renart s'ésluchét d'abord hén lou traouc; lou loup boulout héntra aou darré d'eut, mé qu'ére trop éspeus, én poudé pa bi 'n cap. Ce dit lou renart, touchaou :

— Tire un péyroc ou dus; pa mé, s'én abisreun : que pusquis passa tout doy.

Lou loup hartchaguét tan, que darriguét caouques péyres, é qu'éntrét a le fin, amalayse, de caouque mode. Se hiquén tout' dus a ha tantéque. Lou loup troubéoue lou bin bieun boun! pintéoue coum un tiracayre! jamé ne s'ére bis én uou' héste ataou. Ce dit ént'anlore, qu'ére bériac éstoursedeuy :

— Éy l'ésméridaou! Se cantéouém un tchic, coumpay?

Lou renart, èn bét pintans, qu'anéoue de téms èn téms aou traouc, pér beude se soun bénte i 'ntréoue toutjamé adayse.

— Tchou! ce dit, atén que le jén que dromin. Uncouére un coupilloun, tan qu'i'ém.

Buouourén ugnaoute routchade, mé con aouout buouut, lou loup poudé pa mé pati :

— Coumpay renart, buy dise uou' cante!

É se bout a luoua 'n bérs, é crida i'aouuca coum un hoou : tiné 'n trin! hadé ringa lou gahé a l'aout cap de méysoun. Lou renart, éntineuns aco, houas! s'éslipse énta dehore. Èn méme téms lous de le méysoun se dechudén, qu'arribén tout ésbayits. Con birén aqui aqueut gouyat, came-ci, came-la su' le barrique, que saouten aous paous, aous burcs, li toumbén dessus de tout coustat. Lou praoube loup cantéoue pa mé! que courrout aou traouc é ha biste, mé s'aoué trop oumplit le bugue, hougna-guéoue, poudé pa mé passa : quitérén l'éspécica! A force de penne, se bit pourtan dehore, é s'én anout én träouillans : dichét le méytat dou coueuy aqui sou crot!

II

L'andouman, lou renart, binout a passa proche d'un abéillé, é que bit aqui un omi s'i hadé a tira méou. Se hiquét a ouayta 'queut omi, pér sabeu oun pourtéoue soun méou, é hit tan, de broc é de brane, li 'n panét dus gran' bougnes toutes pleus. Que tapouét l'uoue de 'quires bougnes su' le lane é se pourtét l'aoute aou soun haout. É s'én tourne ana trouba lou loup.

— Trr! aqueus cop, mounome, t'és maou tirat dou joc! És un broy moussu! Mé tabé qu'as cantat! T'én as passat l'iréye! Con jou t'ic disi!

— Éy cantat aou meun, bé! ce dit lou loup, mé m'én a bieun sabut maou! Eus bieun coum disén, aou praoube le rioule! Séy pa tu coum t'i preuns, quét bires toutjamé de tout; ço que jou, arreu ném bén a bén, me trobi toutjamé de le part dou malure. Quém sérp d'aoueu de bounes costes!

— Qui t'én pot de mé? ce dit l'aout, héys tout a l'arroués! Mé, aou sét, puyreum beléou s'arranja meuille. Toutjamé pana, m'én harti; se caou rénna un cop! Se bos, adare, que nés bam tira un mayne; qu'i haram bi blat, que n'oou batram amasse, é que biouram ataou, té tu, té jou, aou nos bét ayse, chét daoune dou besin. Se beuyram p'aou meun mé tan d'éndérnes!

— Héh! moun Diou, quém ba, ce dit lou loup. Un cop, lou couarré quém héy cruspéres, puch pa sounque cambia énta meuille. Mé, én atineun' batéyres, carra tchapa, pourtan!

Ce dit lou renart:

— Qu'i'éy pénsat tabé. Aqueus matin, detan que droumioues, qu'éy ouaytat un abéilléré que tiréoue méou, qu'éy héyt de tourns é de birades, li 'n éy panat uou' bougne; l'éy éstuyade aci proche. Én hén' tchic, que n'aouram pér caouques journs; mé chardit d'i touca sounqu'i singuim tout' dus, m'én anis pa ha uoue!

É bala doun s'én ban, ént'aou houns de le lane, én ceurques d'un tros de boune térre, é con s'aouourén chaousit le térre, se hirén un petit méysoueut é tout, é se pourtérén aqui le bougne de méou doun lou renart aoué tapouat debat lou broc. É, con tout éstout héyt, que partén, dap lous utis, pér s'én ana houdi.

É houdi, é houdi, é houdi. Aou cap d'uou' paouse :

— Tchou! ce dit lou renart, m'apérén pr'ésta péyrin.

— Enténi p'arreu, ce dit lou loup; mé se t'apérén, ba beude, caou ha aounou én 'queut mounde.

Lou renart que part. Que preun un gran tourn, s'én ba aou méysoueut, que héy un boun recoupioun aou déspeuns de le bougne dou méou. Con éstout tournat :

— Ébé! ç'oou dit lou loup, as batisat? coum se héy doun lou toun hilloou?

— Se héy Couménçoun, ce dit lou renart. Un broy nom, heu?

— Se t'apague, ce dit lou loup, tan baou aqueut coum ugnaout.

É se tournén méte a houdi.

É houdi, é houdi, é houdi. Aou cap d'un tchic uncouére :

— Tchou! ce dit lou renart, me tournén apra énta 'sta péyrin.

— Oba! ce dit lou loup. Mé coum suy jou désénténut! Ba-yi, eut! Caou bieun n'ésta caoucun!

Lou renart que part. S'én ba 'ncouére beude

le bougne dou méou. Li baille caouques bounes lafrades, é que s'én tourne aprés, lou bénte pleun. Lou praoube loup s'i hadé coum un matche-trounques. Li demandét lou nom dou soun segoun hilloou.

— Aqueus, ce dit lou renart, que s'apére Mieuyoun.

— Caous diables de noms! ce dit lou loup; jamé n'oous éy éntinut mantaoue! Qu'eus ésgaou, tu que héys de bouns harts én 'quires batiséyres, é jou aci que m'éscourpiaci é m'éslampi de hami : quèm déstrigue si neuyts.

É se tournén méte a houdi.

Mé lou renart que n'aouout biste prou. S'éstangue, aou cap d'un tchic, se bout a para l'aoureuille :

— Tchou! me tournén apra énta 'sta péyrin.

— Uncouére! ce dit lou loup. Mé ban ha 'taou bére paouse? Couan aouras de hilloous ént'anlore?

— Ho! ce dit lou renart, qu'oous beuy bieun bi! Adare, que m'an séntit énço de moun, touts quèm bourran ha gnagnes. Pr'un tchic de mé, ì tournri pa.

— Héh! tourne-yi aou diable, ce dit lou loup; a bieun pénsa, qu'aouras aqui sustiéns se béns a n'aoueu daoune un journ. Mé, se bini dap tu, aqueus cop, pér beude un tchic le biste?

Ce dit lou renart :

— Ataou chét d'émbit, coum lou can Labrit? Saouneuyes, mahide? Coumeunce a te damoura 'qui, aco se héy p'ataou, mounome.

É que tourne parti tout sous, qu'arribe a le méysoun : s'acabe tout lou méou doun i'aoué 'ncouére én le bougne.

Con éstout de retourn :

— Aqueus-aci, ce dit, s'apére Fénissoun.

— Un broy nom tabé, ce dit lou loup; ésta pa lé dap lous aouts.

É, que biné léou secouc, qu'arresinnérén l'aoubratje, s'arrecaptérén lés maneuytes, s'én tournén a le méysoun. Lou loup braméoue toutjamé le hami; taléou éntrat, dichout que boulé soupa, courrout detire cérca le bougne. Mé se le troubét buyte! Ére tout ésbayit.

— Coumpay renart! i'a pa mé méou hén le bougne!

L'aout que hadé dou naou.

— Qu'eus l'amne dou cos bray! É qu'an bieun curat! Eus pa maou héyt l'éscarni! Éspiye-meu : eus pa tu qu'és binut ha lou cop detan qu'éri a mas coueuntes? Que pots aboua.

— Suy pa sourtit dou tréytin, ce dit lou loup.

l'a pa que tu, hignén! Tan de batiséyres, tan de batiséyres, m'én maouhidéoui juste.

É pérdica. D'un mot a l'aout, se brouillén. Lou loup boulé ha 'ou puou! Ce dit lou renart :

— Hém uou' caouse, aném s'én droumi, é lou qui se troubra le coude mouillade aou matin én se luouans que sra lou grouman é lou méssounjé. Aco que nés tirra de bareuilles.

Lou loup rougnéoue coum nat machan praoube; li hadé doou lou soupa. Se réndout pourtan a le fin, dichout que calé ha l'ésprube, ataou que counéchreun lou boulure, é se coutchérén tout' dus, se hiquérén a droumi.

Mé, un cop én le neuyt, lou renart qu'aouout daoun de picha. Éntinout lou loup que rounquéoue, se luoue tout touchaou, s'aproche dou soun jas, li héy uou' bére tchourrade a l'éntourn de le coude. De modes lou loup, con se rebéillét lou matin, se troubét tout amarat : se damourét a bada, tout émbarlutit, sabé pa ço que dise. Sayét de se déséncusa 'ncouére, jurét qu'ére icnoucén, mé le prube qu'i érc, lou renart l'éscoutét pa, se calout barra le bouque é qu'éstout eut lou boulure.

III

Aou cap de caouque téms, l'iouérn qu'arribét. Hadé reut! tourréoue d'abiade! Lou renart qu'aoué bis un gart de buscassés que hadén boy én uou' ségue, é qu'oous ouardét pér sabeu oun s'éstu-yéouén lés haptches, lou seu, con s'én tournéouén. Un matin, se luoue de boune ore, que dit aou loup:

— Mé sap ha reut, hoou! Se nés anéouém ha un tchic de boy?

— Hareum pa trop maou, ce dit l'aout.

É que partén, tout' dus amasse, pér s'ana ha un tchic de boy.

Con éstourén a le ségue, a l'indreut oun érén lés haptches, s'én gahén cadun uoue, qu'éntamiyén un toureut qu'ére aqui tout prés a héne. Lou loup, qu'ére lou mé ouaillart, hadé 'scailla de soun cap mé que lou renart de l'aout. Hadé le gode!

— O, ce dit lou renart, mé tout se tourne barra taléou coum tires le haptche.

— Coum caou doun ha, labeuts?

— Da un bét truc, é bout lou pé hén le hénédure, que se damourra aoubérte; jou que tirréy le haptche.

Lou loup dét un bét truc; hiquét un pé hèn le hénédure. Lou renart que sort biste le haptche, é bala moun liboy gahat aqui 'ntérmeuy, coum én-d-uou' pétje. É crits :

— Tire-me de 'ci! tire-me de 'ci! quéms héys éstroupia!

— Paciénce! ce dit lou renart, lous buscassés que ban bi, t'én tirran, bé, toutare.

É que l'arresinne aqui, s'én ba én arrideuns, bire-te-leus coum pusquis! S'anout méte aous arréoueuyts hén uou' tuste un tros lugn.

Con lous buscassés arribérén, aou cap d'uou' paouse, qu'éstourén tout' suspreus de trouba 'n loup aqui; mé s'abisérén léou qu'ére gahat aou boy : que saoutén a lés haptches, li courrén touts decap. É trucs, é cops, i' ambrades, sou maléstruc de loup. De tan qu'érén souptats, l'un li trénquét lou pé pr'oun ére éstacat aou boy, é lou loup s'és-capét, a pé-tchancot, tout ésbrigaillat, mé bieun prou urous uncouére de n'ésta hore ataou.

Que se hique detire aou darré dou renart! Taléou coum l'aout lou bit, tirét decap aou soun haout aou mé biste : ataou coum s'énhouncéoue hén lou traouc, lou loup qu'arribe, tchurp! lou gahe pr'un pé de darré.

— A! malihéyt! baoupaouc! eus le mi mort que boulés! Boute, te haréy pa graci.

— Queu! ce dit lou rusat, as léou ahide dèm téne? Tire, tire, cousin, a le beu dou taousin.

Quérdeun' s'ésta troumpat, lou loup que largue lou pé dou renart é s'éstaque én un cap de beu qu'ére aqui a l'éstreum: l'aout, houas! s'ésluche énta deheun én s'éscargaillan' d'arride. Lou loup, tout couyoun!

Mé se pénsét aprés qu'oou gahreu beléou aoutemeun: se bout a ha uou' gran' cusse de garraills é de garbaye daouan le bouque dou haout, é qu'abite un bét huc, pér lou ha 'stupa 'qui. Aqueus cop, ma foy, lou renart hadé pa mé adayse; lou hum qu'oumplioue lou haout, bouhéoue bénléou brac; é gaouséoue pa sourti. Ce dit aou loup:

— Gramecis, coumpay. Que tartailléoui de reut én 'queus hourat, gracis a tu aou meun que m'éscalourissi 'n tchic. Qu'éy aci unaoute bougne de méou que tini én resérbe, t'ésperréy caouques journs, bé!

Lou loup, lou béilloy! se bout a 'stupa soun huc, é 'spareuye lous tisouns aoutourn d'eut aou mé biste: nétéyét bieun lou crot. Juréoue coum un judiou! Ce dit lou renart :

— Quèt buy mucha 'ncouére que bali mé que tu : se bos, que haram lès pats, tout que sra oublidat, é que biouram amasse, amics coum perotes, coum de daouan. Aproche, quèt buy bailla 'n tchic de méou.

— N'éy pa queha, ce dit lou loup. Sounque lou diable sèt hali, quèt garréy un journ ou l'aout. Bira l'arrebum!

É s'èn anout tout hoou, èn li hèn mile miaces.

Mé, ènta bènléou, que binòut a-d-aoueu hami. Pèr malure, le lane qu'ére paillade de niou, nat ligot ne sourtioue, tourbirét tout lou journ chét trouba a minja. Sabé pa ço que debi, se bit uncouére fourçat de se bira ènt'aou renart, é l'andouman l'anout trouba aou soun haout, èn li demandans un tchic de méou, èn graci, pèr lou tira de le hami : jamé n'oublidreu aqueut sèrbici.

— Dou moun méou? É jeuy n'aoués pa queha! Béy t'arraya, n'éy pa mé arreu pèr tu.

— Sounqu'un boucin! ce dit lou loup.

Tan, pèr le fin, lou renart li 'n hit passa 'n tchiqueut pèr le bouque dou haout. Mé tournét cula detire.

— Un cop, ce dit, as pa que machantri; se sourtioui, sreus uncouére en lou cas dét méte a m'acoussegui.

— Diou m'én biri! ce dit lou loup, és trop sérbiciaou! Se touts érèn coum tu, hareun uncouére un mounde!

— Ataou doun! ce dit lou renart. Pusque parles ta bieun, tout matin, tan que le niou damori, quét baillréy un tchic de méou, aouras pa sounqu'a bi. Quét buy ajuda a bioue.

É que hirèn lès pats, tournérèn amiga, é lou loup s'én anout, tout countén de se sabeu tirat de le misére.

L'andouman matin, lou renart s'én ba aténe lou loup sou soun camin, proche d'uou' gran' laguoue prouhounte qu'ére toute arraillade d'uou' part a l'aoute. Qu'oou ba léou beude un tros lugn qu'arribéoue a galops : que te héy-eut soucop? que s'aproche de le laguoue, se héy én aouan tout touchaou pér-su' l'arraille, s'én ba ha, bieun sou meuy, un bét ledoc tout human. Que cridét aou loup én tournans aou bort :

— Aqueut reut te tén bieun éscarrebillat, coumpay!

— Héy pa couan trop bét damoura su 'n crot, ce dit lou loup.

— O! jou, pa ta péc! que m'éy héyt huc, ce dit lou renart. Quém suy bieun caouhat.

— l'äoun? ce dit lou loup.

— Lahore, ce dit lou renart, én li muchan' lou matoc, que huméoue uncouére un tchic sou meuy de le laguoue; mé que ba s'éstupa, que pots t'aouança s'én bos le tou part.

É lou loup courre aqui decap, é biste. Proche dou bort, l'arraille qu'ére éspeusse, ne maglét pa; mé coum arribéoue léou aou meuy, se li coupét debat eut tout solebit, é pouill! moun praoube loup aou houns de l'aygue!

É aqueus cop, ma foy, se damourét aqui.

É lou renart s'én tournét a sas coueuntes.

   Jou que boutéri lou pé su'ou' tapouéyre,
   Que m'én tournéri a le Bouhéyre.

CHANTS POPULAIRES
DE LA GRANDE-LANDE
DU BORN
DES PETITES-LANDES ET DU MARENSIN

(Indication des pièces recueillies)

CHANTS POPULAIRES
DE
LA GRANDE-LANDE
DU BORN
DES PETITES-LANDES ET DU MARENSIN

I. — BERCEUSES.

Dindan,
Paoudan.

Drom, nine,
Drom plan.

Etc.

II. — CHANTS DE DANSE.
(Rondes de « neuf »[1], chansons d'amour, chansons énumératives, légendaires, anecdotiques, burlesques, satiriques).

A l'éntourn de ma méysoun,
Naou arroses é 'n boutoun.

---

[1] *Roundes de naou*, petites rondes dont le premier couplet, ou quelquefois le second renferme le nombre neuf qui diminue de un à chaque couplet ou série de couplets qui suit.

A le borde qu'i'a naou pans,
A l'oustaou ne gn'a pa tan.

 Aou nos parquillot
  Qu'i'a naou agnerots.

Aou nos parc qu'i y'a naou arques.
 — N'i soun pa.

 A noste crampéte
  Qu'i'a naou pans.

 Aou nos pouméyrot
  Qu'i'a naou poumes rouyes.

Aou nos poumé qu'i'a naou poumes;
Con lou bén lés héy trèmbla.

L'encoun qu'a naou ésquillots,
Fillétes, bineut aousi.

Su' le lane de Bourdéou
  Qu'i'a naou pins.

Su' le punte de l'espade
  Porti naou

A Bourdéou qu'i y'a naou dames,
 Poumes, arresims.

Nous n'ém naou maou maridades,
Ta maou maridades ém.

Nous n'ém naou, naou arroumigues,
 Quèn danséouèm bras é bras.

Èn-ouan les gouyates soun a boun marcat,
Jou n'éy croumpat naou dap un so mèrcat.

 Èn 'queuste danse
  Quèn dansèm naou.

Qu'i'a 'neuyt naou ans
Nès érèm pa bis.

Debat moun mante
Qu'éy naou mantouns.

Debat moun pé
Qu'éy naou junqués.

Dela l'aygue qu'i'a naou filles,
Toutes naou quèn hén l'amou.

Aou prat de Larroque
Qu'i'ats uou' houn d'arjeun.

A Bourdéou qu'i'a arribat
Naou nabious carcats de blat.

Moun pay m'i'a baillat
Naou cas de chouade.

Mardi-Gras qu'aoué
Souliés de papé

Basalic n'aoué
Lou pé petitoun

Joum trobi lou loup
Minje le millade.

L'arroumic m'i gnaque lou dit,
Que me lou gnaque.

L'arroumic é lou pinsan
Diouèn ha noce douman.

Lou coucut é lou pinsan
Boulén ha 'ou' aliance

Jou m'éy héyt un maritoun
N'eus pa maye qu'un boutoun

T'i bos marida, Roséte,
Rose, t'i bos marida?

    A seutze ans
    M'i bolèn marida.

Ma hille, bos un pa d'èsclops?
    Nou, nou, nou.

Janetoun, t'i bos marida?
    P'aou meun dap tu.

Aou marcat m'èn suy anat,
Un tambourn jou m'éy croumpat.

L'aout journ m'éy dichat aci
Lous ésclops dou moun amic.

    Le noste bieuille
    N'a 'n pa d'ésclops.

Con lou moun pay ére ibrougne,
Quèn danséoue lou picbéc.

Jou boli éyma aqueuste aci,
    Aqueuste aci jou aymi.

    Praoube Piérrille,
    Qu'as-tu a ploura?

    Caouderot s'i luoue
    Pér un diluns dous.

Dus coucuts qui nousatis ém,
    A l'assémblade.

    Jan-Petit que danse,
    Dap lou dit que danse.

Bounsouare, méste de le méysoun,
Ié toute le coumpaniye.

Lou moun pay que m'i maride,
M'i'a baillat pèr maridatje.

Qui boou ènténe uou' cansounéte
   D'un garçoun é d'uou' filléte.

Labas, labas aou prat barrat
Qu'i y'ats un aoubre boutounat.

Con le bèrjére s'èn ba 'ou cam,
Dap lou soun coueuill, tout èn hilan.

Boun matin jou m'i suy luouade
   Aou soum dou biouloun.

A Sèn-Lioujé qu'i y'ats uou' brune,
Soun treus garçouns li hèn l'amou.

Aou jardin de moun pére,
Aou jardin d'un péysan.

Sou camin de Sèn-Jaques
l'an héyt basti 'ou' méysoun.

Dessus le lane de Bourdéou,
Uou' aouilléyre quèn ouarde.

Su' l'arruoue d'uou' aygue
Oumbreuyèn lous Angieus.

   Mantantureluroun,
    Con éri petitote.

   Lahore su' le lane
    Qu'i y'ats un ta bèt aoubre.

L'Arjèntoun que n'a treus hilles,
Toutes treus dou méme noum.

   L'arrose muscadéte
    Que sanje de coulous.

Les hilles de La Rochéle
S'i pieuntinén a le candéle.

Jou m'éy héyt uou' méstreusse,
N'eus toute a moun agrat.

I'ats un nabiou su' l'aygue
Tout prés a-d-émbarca.

Pusqu'a Paris dioui ana,
Que s'én ba l'ore que jou parti.

 Lahore su' le lane
 Qu'i'ats un bouchoun.

Toute fille qu'i'eus amourouse
Nén dioureu pa jamé mouri.

Lés sérbéntes dou reuy de France
Irés portén bouqueuts a beunde.

Jou m'én baou paousa mas botes
Pér dansa é pèr bara.

 Piérre s'én ba ' le casse,
  Miraluroun luréne.

 Le may et le hille
 Cousén sus un ban

 Lés hilles de La Réoule
 Si courdéouén menut.

 Moun pére é ma mére
 N'an que jou d'anfans.

 Con jou éri a marida
 Bray Diou n'éri galante.

Boun matin m'i luoui jou,
Boun matin dap le fréscure

Lès hillotes dou joueun haou
Soun toutes èn colére.

    Lès hilles de Beugles
    É lès dou bèsia.

    Hèn l'Orioun qu'i y'a
    Couate béres gouyates

L'aoute journ èn m'i pèrmènan'
M'i pèrmènan de loun de l'aygue.

    N'érèn treus daillayres
    N'anéouen dailla.

    Labas hèn le prade
    Que de bére érbe i y'a.

A Clarac qu'i'a un mouliné
I'eut n'a treus béres hilles.

Lou moun pay quèm boou marida,
De dus marits bén dèm parla.

    Labas aou Bèrjèroun,
        Lamiraluréne.

    Labas su' la mountagne,
        Ma mayre.

    Sou poun de Toulouse,
    Lou seu de Sèn-Jan.

    L'aouillé é l'aouillévre
    Que s'i' éyméouèn tan.

    Moun pére é ma mére
    Hille n'an qu'a jou.

    N'éy tan cèrcat m'éymiye,
    Troubade jou que l'éy.

L'aout journ que m'i pèrmènéoui
De loun d'un arriou courrén.

 J'éy un petit frayoun
 Quèn rebén de l'arméye.

L'aout journ que m'i pèrmènéoui
Tout de loun d'un carréyroun.

L'aout journ que m'i pèrmènéoui
Su' le lane de l'Aouloun.

Boun matin m'i luoui jou,
Le freusque matinade.

Jou m'éy héyt un amic,
Lou mé broy de le bile.

Lou moun pay é le mi may
Nèn an qu'a jou hillote.

Lou moun pay é le mi may
Soun èmbitats èn noce.

N'érèn treus capiténes,
A le guérre s'èn ban.

Boun matin m'i suy luouade,
 Boun matin gran.

Èn 'queus cantoun qu'i'a un garçoun
Quèn héy l'amou èn-d-une brune.

Passan lou poun a Paou,
Jou rèncountri treus filles.

 M'èn boli bi,
 M'èn boli ana

De boun matin s'i luoue
Le hille d'un péysan

M'èn baou aou boy pèr ha lou héych.
De queu direut que me l'éy héyt.

Qu'éy moun marit qu'a le rioule,
Jamé n'èn pusqui ouari.

Sou béou poun d'Abignoun
   La béle s'i pieuntine

Le mi may que m'i pieuntine
   Dap une pieunte fine.

Lou reuy s'èn ba ' le casse,
   A le casse d'amous.

Con lou reuy saillit,
   Saillit d'Angletérre.

Boun matin m'i suy luouade
Ènt'aou cam sega lou blat

Séguédou, béou séguédou,
M'i segrat ma chouade?

Boun matin m'i suy luouade,
Boun matin aou sou rayan.

Lou moun pay m'i maride,
   Lou Ramounét lanlire.

   Con jou éri petite,
   A dus ans ou a treus.

Bibe lou rouchinoun mignoun,
   Lou moun pay m'i maride.

É-con jou m'i maridi,
M'i boli bieun chaousi.

A Cabiroou qu'i'a 'ou' bére aouilléyre,
N'a tan trucat lou soun aouillé.

N'éy a le potche un cap coustoun
É le méytat d'un bét tripoun.

B'i boli dise uou' cansounéte
D'un béyleut maou abisat.

Lou moun pay, le mi may,
　　Lounguéderidi.

Diou! de mas béres baques,
Coum tan poudén saouta.

L'aoute journ con éri nobis,
Ta bére noce hadém.

L'aout journ que m'i pèrménéoui
Sou camin de Talera.

Darré le porte de madame
Un joueun drole i'aoué.

Lous huguenaouts de Mountaouban
Boulén pourta lès armes blanques.

Béle, ne gn'anguit nou,
Dèn le Basse-Bologne.

Charmantic de Lorréne,
Lou reuy m'i'a 'mbiat aci.

Lou nos Bertran qu'a 'ou' crabe
Groumande coum un can.

Con le mitre s'èn ba 'ou moulin,
Gnigue-gnigoun n'eus trop carcade.

Boun matin s'i luoue l'ayne,
Treus ores daouan journ.

Lou renart sone lès cloches,
Pèr lou mounde ha 'sèmbla.

Coumpay, n'as pa bis
Ço que jou éy bis.

Boli dide une cansoun
Toute pleu de mèssounjes

L'aoute journ dèns un bousqueut,
Margot s'oumbrèyéoue.

Moussu curé de Naouaillan
Boulé dina, n'aoué pa pan.

A Lugloun qu'i'ats uou' bicuille,
Uou' bieuille de treus bins ans.

Dèn Bourdéou qu'i'ats uou' dame,
Saoute qui pusqui.

Gouyatotes a marida,
Nèn singuit pa ta capluouades.

Le Jane qu'eus malaoude,
Èn danjé de mouri.

Con lou ouéyrot s'èn tournéoue,
S'èn tournéoue de bouya.

A! mama, b'ét bous urouse,
D'aoueude uou' hille coum jou.

Con lous mouünés hén mole,
Pugneroun, pugnerot.

Hilles, n'aymit pa tan lous omis.
Aquit' doun soun tan joguedous.

Bibe lès Sabringotes,
Doundéne la doundéne.

Lous garçouns de le Téste,
Doundéne la doundéne.

Jou suy anat, jou suy tournat,
  Néy troubat uou' fillote.

Jan de Libére n'a treus chibaous,
L'un qu'eus tort, l'aout qu'eus malaou.

  Noste béyleut Piérre
  Aou casaou s'èn ba.

  Etc.

III. — Chants des Moissonneurs.

Hoou, hoou, lou Péyroutéou,
  Tu t'és maridat trop léou.

Su' le lane de Bourdéou
l'a naou baques é 'n menéou.

Ségue, ségue, séguèdou,
Tan que le paille èn si clare.

A l'oustaou qu'i y'a naou pans,
Tan dous neugues coum dous blans.

Con bén l'ore de dejuna,
Le daoune dit que caou sega.

  Etc.

IV. — Chansons diverses.

Con Marioun ba 'nt'aou moulin,
Ta plan lou seu coum lou matin.

Corblu, morblu, Marioun,
D'oun béns doun tu adare?

Ié sou béou poun de Liyoun
Marioun s'i'eus adroumide.

Lou moun pay que m'i'a maridade
É-pèr un journ bieun malurous.

   Laouéoue le bugade,
   Margadide m'amou.

   Margadide m'amou
   Laoue le sabounade.

V. — COMPLAINTES.

   Con jou n'éri petite,
      Petite anfan.

Margadide s'èn ba 'nt'aou bos,
Aou bos, aou bos, toute souleute.

VI. — CHANTS RELIGIEUX.

   N'érèm treus cén cincante,
   Jésus! élas! moun Diou!

   Lahore dèn le coume
   Qu'i'ats un praoubinoun.

Con Jése-Crit n'ére petit,
Hadé 'ou' gran peniténci.

De céou èn térre n'eus drabade,
Le bieurje sacrade.

Lahore haout aou céou,
Oun lou soureuill clareuye.

Aou Paradis qu'i y'ats uou' place,
Èn 'queure place un aoubre qu'i'a.

VII. — Chants de Mariage.
Principales parties.

Picam papé, picam-ne mé.
Le bére aounou 'nqueuste méysoun.

M'éy pèrdut mas amous.
Qui eus qui turte a le porte, pourtié.
Aqui que l'as, nas de lebré.

Bès souati, nobis, lou bounjourn.
Le sou méyri bourreum prèga.
Aouançat, nobis, abs abilla.
Nobis, qu'at héyt a le méysoun.
Aném, nobis, ne plourit pa.

Lou soun péyrin, passat daouan
Nobis, passat aou camin blan.
Jén de le bile, regardat.
Roussignoulét, déchém passa.
Branque de pin dioureu trèmbla.
Bénèm de ha naou légues.
Nousaouts bèn ém naou miles.
N'am traouassat naou lanes.
Jou beuy le glise é l'aouta lusi.
Moussu curé, béyleut dou reuy.
Preun-te le nobis, joueun èspous
Tout èn s'èn tournan d'èspousa.
Jou beuy le tchaminéye huma.
Oun ét, méste de le méysoun.
Nobis, èspiat aqueus oustaou.
Meteut b'èn taoule, dus en dus.
    Le taoule bieun garnide.
Aou cap de le taoule i'a 'ou' broy flou.
I'a 'n mout d'èscriòut a le pareuts
N'èstreunit pa d'ardit' ni sos.
Oun a, l'èspous, lous souns dounzéous.
Cachaou de clouque, dén d'arpan.
    Lou dèssért si pastis.
      Trinque, Jan.
Sourtit de taoule, lous èntaoulats.

Le nobis disé tout d'èn-ouan.

Le nobis n'a le couroune li toumbe.

Paousat le couroune, nobis, paousat.

Le nobis que ploure, resoun n'a.

Nobis, boutat le man sou cap.

    Le cohit pa 'n gouyate.

Le nobis jeuy qu'ére damiséle.

Adichats, nobis, nous n'èn bam.

TABLE DES MATIÈRES

	Pages
Préface	5

Première partie : Traduction Française.

Le forgeron Misère	17
La Vieille et les trois Voleurs	33
Compère Louison et la Mère du Vent	37
Le bon Dieu et le Diable	57
La Robe regrettée	63
Le Joueur de fifre	69
Le Coq	81
Grain-de-Mil	89
Les Chevreaux et le Loup	105
Le Renard et le Loup	113

Seconde partie : Texte Grand-Landais.

De la Prononciation	141
Lou haou Praoubéyre	179
Le Bieuille é lous treus Boulures	193
Coumpay Louisoun é le May dou Bén	197
Lou boun Diou é lou Diable	217

TABLE DES MATIÈRES.

Le Peuille arrècastade.................................	223
Lou Pifrayre...	227
Lou Hasan...	239
Lou Gran-de-Mill......................................	247
Lous Crabots é lou Loup...............................	261
Lou Renart é lou Loup.................................	269

Chants populaires de la Grande-Lande (Indication des pièces recueillies).................................. 293

Bordeaux. — Imp. G. Gounouilhou, rue Guiraude, 11.

www.ingramcontent.com/pod-product-compliance
Lightning Source LLC
Chambersburg PA
CBHW071505160426
43196CB00010B/1423